脱・どんぶり勘定！

これからの飲食店数字の教科書

最新版

東海林健太郎 著
一般社団法人 これからの時代の・飲食店マネジメント協会
山川博史 監修

同文舘出版

はじめに

コロナ禍の長期化により、飲食業界も停滞してしまったかのように見えますが、実態はそうではありません。ゆるやかだった飲食業界の流れは、この期間に大きく加速し、今、転換期に来ています。就業人口が減っていく中、人件費は大きく上昇し、円安が加速する中、食材コストの高騰が突きつけられています。

しかし、悪い面だけではなく、いい面もあります。アフターコロナでインバウンドが一気に回復。地方にもその波及効果が見られ、今やどの地方都市に行っても、外国人観光客で溢れています。さらに、飲食店ＤＸによって、人件費を抑えながら、簡単にお客さまと直接つながることができるツールも続々と誕生し、いち早く運営を変えた店舗には大きな恩恵が生まれています。

こうした時代背景を踏まえて、どのように末永く飲食店経営を行なっていけばいいかを考えていきましょう。

まずは、１つの課題を提起したいと思います。

あなたは、たくさんのお客さまに支持され、おいしい料理を提供するお店を経営しています。お店は毎日満席で、お客さまから笑顔と感謝の言葉をいただく日々を送っています。

しかし、そのお店の裏側を見ると、最高の料理を提供するために、最高の食材を惜しげもなく使い、圧倒的に原価を下回るコストパフォーマンスで、お客さま主体のサービスをするために、お客さまに常に寄り添うスタッフが常時配置されています。場所は誰もがうらやむ一等地！

——はたして、売上を上回るコストをかけた、このお店の経営は長続きするでしょうか？　潤沢な資金力のある人でない限り、お店の経営を辞めた方が得策だと理解できると思います。

それでは、このお店は何が間違っていたのでしょうか。

お店の経営を続けていくためには、お客さまに支持されるおいしい料理を、支持される価格帯で、何度も利用したい、誰かを連れてきたいと思っていただけるお店にしていく必要があります。そこに納得のいくサービスを備え、その付加価値と提供価格のバランスに共感いただけた時に、継続的な運営へとつながっていきます。
そのためには何より、**確実に利益が残っていることが絶対条件**になります。

しかし、周りのお店と比較して、提供する付加価値が勝っていながら、しっかり利益を残していくのは、以前と比較しても非常に難しくなっています。

おいしい料理を提供して、お客さまに喜んでいただくことが本来の目的だったのに、いざ、お店を始めてみると、税金や給与の支払い、仕入れ食材や経費の支払いといった、本来の料理提供以外にたくさんの数字に対する問題が降り注いできます。

この問題を放っておければよいのですが、お店を継続させていくためには避けて通れない壁となっています。

とはいえ、ここに時間をかけすぎて、新しいメニューを考えたり、リピーターを増やす施策を行なったりする時間がなくなるようであれば、本来の目的を失ってしまいます。

苦手意識が強く、避けて通れないことだからこそ、**数字管理は簡単に計算できるようにしておく**ことが重要になります。必要なのは、継続経営を行なうために、今の状況を簡単に理解し、月末までに対策を行なっていける体制づくりです。

誰もが乗れる自転車と同じように、数字を操る

数字はただの道具であり、対策を考えていくための目印です。

皆さんは、自転車を意識せずとも乗りこなしていると思います。しかし、最初は感覚をつかむために練習し、ふらつきながらでも、乗りこなす感覚をつかんでいったのではないでしょうか。

料理についても、おぼつかない包丁さばきから、反復練習を重ねたと思います。

数字管理も同じです！

これまで計算の仕方を教えてもらってこなかっただけで、実は、飲食店の数字もポイントさえ押さえてしまえば、簡単に使いこなすことができます。

本書では**「客数」を中心にして数字を捉える**ことで、毎日の、また毎月のお店の数字を管理していきます。

そして、数字は使いこなせるようになってからが本番です。

過去の「終わった数字」をこねくり返しても取り戻しはできませんが、月末までに取り戻すべき客数さえ理解できれば、対策を考えていくことができます。

また、最近では、ＰＯＳレジと連動したシステムもかなり充実してきており、お客さまの来店頻度や、前回いつ何人で来られ、何をオーダーされたかなどがわかるだけではなく、こちらからプッシュ型で来店を促すメッセージを配信し、次の再来店につなげるための〝攻めの営業〟ができるものも出てきています。

本書では、月の途中での数字の見方や、目標との差異の見つけ方、それらに対する対策事例など、月内で売上を巻き返すための具体策を多数紹介しています。

難しい机上の勉強ではなく、現場で実行に移せるテキストとして読み進めていただき、今日から1つでも実践に変えていただきたいと思います。

読み終えた後に、思わず電卓を叩きたくなる「数字の教科書」のスタートです！

飲食店収益改善コンサルタント　東海林健太郎

最新版　脱・どんぶり勘定！　これからの飲食店　数字の教科書　目次

はじめに

1章 超実践！数字管理のキホン

1　これからの飲食店に必要な「脱・どんぶり勘定」の計数管理……14
2　これからの繁盛飲食店に必要な3つの対策……21
3　数字は簡単に理解できる！……29
4　1人あたりの利益がわかれば、損益分岐点客数はパッと計算できる……37
5　日次客数まで落とし込んで、毎日数字を追いかけよう……46

6 毎日の成績をカレンダーで共有する……52
7 効果測定を重ねていく……57

Textbook of sales

2章

お客さまを逃さない！「客数アップ」対策

1 新規客獲得ではなく流出客対策という考え方……66
2 リピートしやすいお客さまはどこに眠っている？……73
3 客数アップ対策効果は時間差で現れる……80
4 常連客のお連れさまは将来の常連客候補……83
5 リピートにつながるお客さま情報だけを集める簡単手法！……86
6 客数が少ない日の対策よりも、多い日に集中させる方が得策！……93

7 クチコミは店舗から発信できる …… 97
8 全スタッフの伝える力を高める強力ツール …… 102
9 飲食店DXによる集客ツールを活用する …… 108
10 インバウンドに対応する …… 111

3章

接客を強化して利益につなげる！「客単価アップ」対策

1 利益が大幅アップ！ 明日からできる「推奨のマジック」 …… 114
2 お客さまに覚えていただくための接近戦 …… 125
3 お客さまに喜んでいただきながら客単価をアップする …… 131
4 セット化はお客さまにも、お店にも超お得！ …… 138
5 推奨のマジックがあれば、食材原価を思い切ってかけられる …… 145

6 オーダーしやすい状況を作る……151
7 ドリンクオーダーが増えるとフードも増える……153
8 テーブル内のラストオーダーはチャンスの山！……156
9 メニュー単価の上げ方・下げ方はやり方を間違えると大きな痛手に！……160

4章 お客さまに喜んでいただく！「原価低減」対策

1 簡単だから続けられる！ 日次決算で問題を放置しない……168
2 1%のロスの意味を客数で知れば、損失の大きさが理解できる……178
3 食材原価は大きく捉えて、管理を簡単にする……190
4 ポジションを固定化して人件費アップになっていませんか？……197
5 忙しくても利益につながらないメニュー数と人件費の関係とは？……202

6　ショートポーションメニューで客単価アップを誘導する……209
7　お客さま還元メニューと店舗還元メニューで作る平均原価……217
8　数字で考えられるスタッフづくり……224

5章
3つの対策で実現する！息の長いお店づくり

1　1つの対策だけで取り戻しは不可能……230
2　客数と客単価の関係……242
3　成功対策は大事にしまっておこう……247
4　飽きられないお店にする……252

付録
現場で使える！
飲食店の数字問題集

おわりに

カバー・本文デザイン・図版制作　荒井雅美（トモエキコウ）
企画協力・本文DTP　菱田編集企画事務所

※本書は2019年9月に刊行された『脱・どんぶり勘定！ これからの飲食店 数字の教科書』（小社刊）に加筆・修正したものです。

Textbook of Sales

1章

超実践!
数字管理のキホン

Textbook of sales 1

これからの飲食店に必要な「脱・どんぶり勘定」の計数管理

計数はマネジメントのルールを知るためのもの

車の運転はできるけれど、交通ルールは知らない。この状態で運転を行なうのは怖いと思いませんか?

ルールを知らないと、逆走したり、信号無視したり、スピードを出しすぎたりと、周りに迷惑をかけ、報いは自分に跳ね返ってきてしまいます。

そのため、運転免許を取るには実技教習と学科教習を行ない、運転技術だけではなく、運転するためのルールも一緒に学びます。そして、どちらも合格した人だけが運転を行なう資格を与えられます。

では、飲食店の経営はどうでしょう？

おいしい料理を作ることができても、マネジメントはさっぱりわからない。おいしい料理の作り方は、専門学校や大学、これまでの飲食店の経験などで培ってきたと思いますが、経営を教えてくれる場所は、ほとんどないのが実情です。

だからといって、勉強せずにお店を開業してしまうと、無駄にスタッフの多いお店、無駄に食材原価ばかりかかるお店、おいしい料理なのにお客さまが来てくれないお店、繁盛していても利益が残らないお店に陥ってしまうこともあります。

結果、最悪のケースは廃業となり、スタッフや仕入れ業者など、さまざまなところに迷惑をかけてしまうことにつながります。

すべてが飽和した厳しい時代

現在、飲食店は、

①最低賃金の上昇による人件費の圧迫

②募集をかけても人が集まらず人手不足
③残業規制強化による営業時間の短縮
④毎年上がり続ける食材原価
⑤家賃や電気・ガス代の高騰
⑥競合店の増加
⑦決済手段の多様化による決済手数料の負担増
⑧SNS・集客サイトの乱立
⑨インバウンドへの対応
⑩流行が短く、お客さまが定着しにくい

――三重苦どころか、パッと挙げただけでも〝十重苦〟の克服が経営者に求められています。それも、これらを限りあるお店の利益の中から解決していかなければなりません。昔のような「どんぶり勘定」では立ち行かない状況にあります。

飲食業界は今、しっかりと利益を残し、必要最低限の費用でお店を維持させていく経営ノウハウが必要な時代に来ているのです。

過去の数字を分析するのは機会ロス

これまでの経営のやり方は、終わった結果を分析し対策を行なっていくのがスタンダードでした。でも、実際の経営は毎日動いています。**終わった結果を分析して対策を行なっていたのでは、その間の機会ロスが大きな痛手となって、**自分自身に跳ね返ってきてしまいます。

あるお店の経営で振り返ってみましょう。

12月。「今月はお客さまの入りもよくて、忙しかったね」と喜んでいました。

1月初旬に12月に仕入れた食材や諸経費の請求書が届き、仕入れの確定作業を行なっていきます。さらに、12月の人件費を確定し、給与の支払処理を行ないます。

1月中旬から下旬に、税理士の先生に店舗の売上と経費の資料を渡します。

2月の初旬に、12月の財務データが税理士の先生から上がってきます。

経営者「あんなに忙しかったのに、利益がいつもより少ないのはなぜですか?」

税理士「忙しい分、人を余分に投入して人件費率がアップしています。また、食材の仕入れが多くなりすぎています。廃棄ロスや歩留りによるロスはありませんでしたか？　社長、12月はいつもの月より100万円売上が上がっていますが、人を1人余分に入れてしまうと、月間1人30万円、今回2人分で60万円のコスト増になっています。本来は100万円の売上アップに対しては、人件費率が30％で設定しているのであれば、人件費額は30万円分のアップの範囲に抑えていく必要があります。食材費にも同じことがいえます」

——このように、ほとんどのお店が、結果を2カ月後に振り返ります。でも、終わった過去について話しても、「時、既に遅し！」。取り戻しはできません。

さらに、そこで練られた対策は翌月から実施していくことになり、結果の3カ月後から動き出すことになります。

これは命取りな状況だと思いませんか？

数字を知って月末までの未来を組み立てていく

今はそれでも利益が残っているから経営を続けていくことができているかもしれませんが、〝十重苦〟の状態の中、残るものは年々少なくなってしまいます。

過去の結果で経営を行なっていくようでは、お店の体力を消耗させ、キャッシュアウトが膨らむばかり。だからこそ、これからの飲食店経営は**最初に結果を予測し、月末までに対策を仕掛けていく**ことが大事になっています。

終わってしまった数字は取り戻しができませんが、終わる前の数字は改善を仕掛け、取り戻していくことができます。そうすることで、

- **毎日の客単価が明らかになる**
- **目標売上を1日単位に落とし込んでおけば、順調に推移しているのか、累計でどれくらいショートしているのか、毎日把握することができる**
- **販促が有効だったのかどうかを判断することができ、同じ失敗を繰り返さなくて済むようになる**
- **売上に対して無駄がないか、仕入れ率から判断することができる**

●シフトが組まれ、お客さまの入り状況から、人の無駄な配置をしていないか、毎日判断することができる

といったメリットを得られるようになります。

現場がなかなか動いてくれないと嘆いても、現状は変わっていきません。ですから、お店のスタッフ全員で楽しみながら取り組めるような運営の仕方を工夫していきましょう。トライ&エラーの連続が対策を早め、結果、自社の利益を押し上げていくことにつながります。

2 これからの繁盛飲食店に必要な3つの対策

利益を上げる「客数アップ、客単価アップ、原価低減」

やみくもに対策を打っていこうとしても、そのやり方は多岐にわたり、何から手をつければいいか、迷われるのも当然のことでしょう。

そこで整理も含めて、対策を分類していくことから始めていきましょう。

23ページ図1にあるように、飲食店の店長ができる対策は3つに分かれます。

①客数アップ
②客単価アップ
③原価低減

対策にはさまざまなやり方がありますが、本書の計数管理の目的は、**毎日の数字をつかんで、月末までに取り戻しを行なっていく**ことにあります。

中小飲食店は、大手チェーンのように大きな資本力を使って広い範囲に告知をしたり、低価格を打ち出したり、大量仕入れでコストを抑えたりといった戦略を取ることはできません。そのため、限られた利益の中で実施していく対策一つひとつが有効である必要があります。

また、無駄にお金を使えない分、効果測定をしっかり行ないながら、結果を導き出していくことが大事です。

皆さんも日々感じていると思いますが、中小飲食店ほど緻密な数値管理が必要です。毎日の数字をつかみながら、それを検証して、結果を次の対策へと発展させていくことが大事になってきます。

でも、人材も時間も足りない。そんな現状があるからこそ、数字を簡単に導き出すノウハウが鍵となるのです。

具体的な内容に入る前に、本項ではまず、飲食店に必要な3つの対策の概要を説明していきましょう。

図1 飲食店ができる3つの売上アップ対策

【①客数アップ】【②客単価アップ】

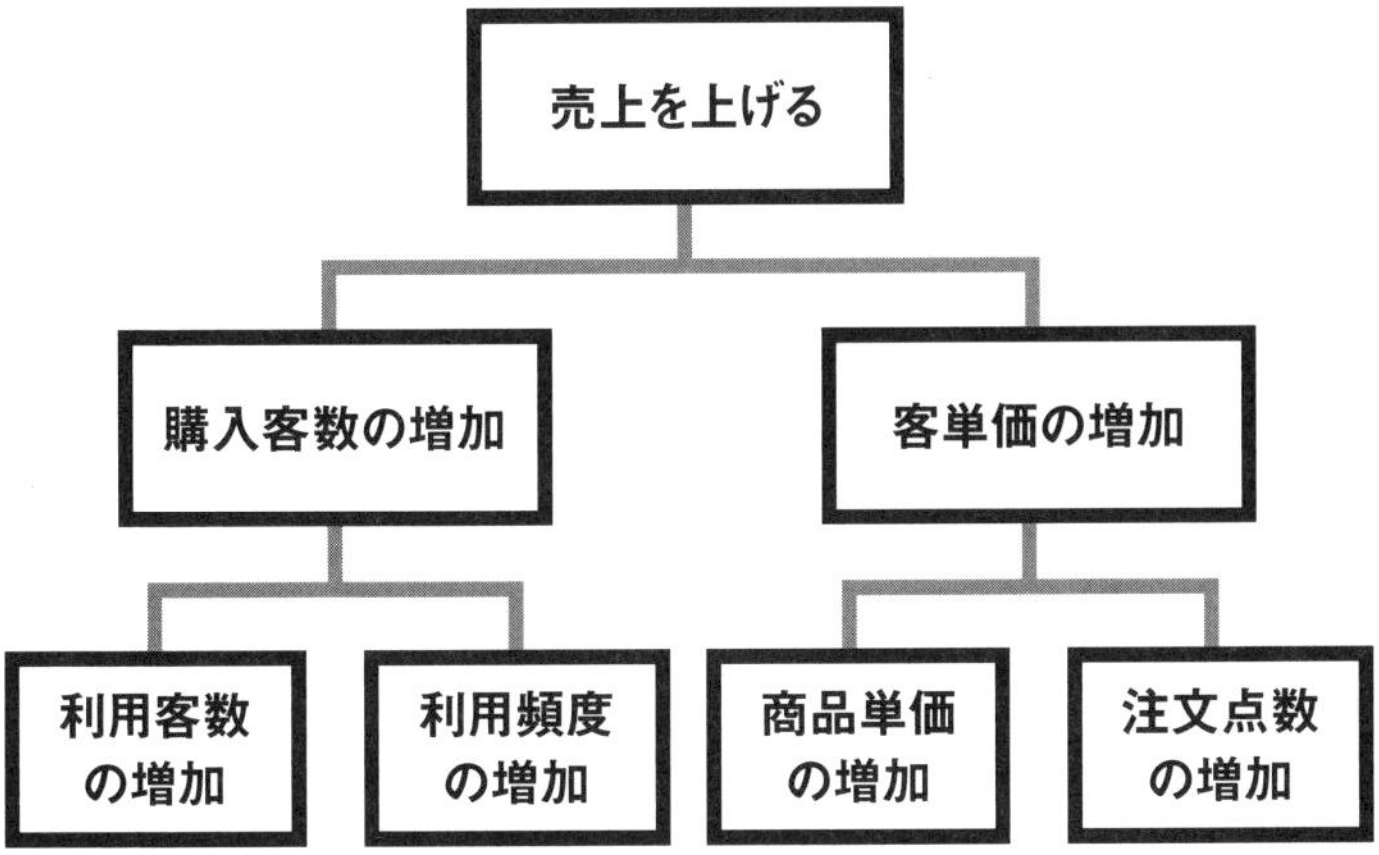

【③原価低減】

変動費は毎月発生する費用のこと。
その変動費を減らすことで、利益幅が大きくなる。

代表的な変動費

食材原価（F：フードコスト）
パートアルバイトの人件費（L：レイバーコスト）※
それ以外のその他諸経費（水道光熱費、広告宣伝費、事務用消耗品費、通信費、旅費、衛生管理費など）

※社員の人件費は固定とした場合

客数アップとは

お客さまの数を増やしていくことは何より大事なことです。そして、お客さまの入り口は2つあることを押さえておきましょう。

1つ目は、**利用客数の増**です。

具体的には、外からお客さまを集める「マスマーケティング」という方法で客数を増やします。主に、大手企業が力を入れて実施しています。

2つ目は、**利用頻度の増**です。

目の前に来店いただいたお客さまに誰かと一緒に再来店いただく「セールスプロモーション」で、頻度を増やします。

マスマーケティングはチラシやポスティング、ネットの集客サイトを使ったりと、何かとお金がかかるもののオンパレードです。そのため、ここに足を踏み入れて実施した場合、どの範囲までを商圏としていくのかを知っておかないと、無駄にお金をかける結果になってしまいます。

一方、セールスプロモーションは、既にご来店いただいたことのあるお客さまに、誰か新しいお客さまを連れてきていただくことですが、うれしいことに、こちらはほぼコストをかけずに実施できます。

いくらおいしい店舗であったとしても、飽和した店舗数の中では、知られる前に、こちらの体力が消耗してしまうことはざらに起きています。ですので、再来店につながる施策を持っておくことが必要になってきます。

そして、それは同時にもう1つの入り口である利用頻度を増やすことにもなります。2週間に1回利用いただいていたお客さまが1週間に2回に増えれば、月の利用客数としては増えていきます。やはり、こちらの方がマスマーケティングよりも圧倒的に費用をかけないやり方だといえます。

客単価アップとは

客単価の上げ方も大きく2つのやり方があります。

1つ目が**商品単価のアップ**です。

今ある商品単価をアップすると単純な値上げと受け取られてしまいますが、上げ方のコツをつかんでおけば、お客さまの反応を確認しながら状況修正を行なっていくこともできます。大事なことは、単純な値上げに見えないやり方を身につけておくことです。

そして、2つ目が**注文点数のアップ**です。

これは、中小店舗が最も力を発揮できる内容です。メニューの推奨を駆使して、追加オーダーを取っていくことができれば、全体の客単価を少しでも押し上げることができ、大きな利益アップ効果として返ってきます。

原価低減とは

固定費はオープン時にある程度決まっている数字なので、変更することは難しいですが、**変動費**はまさしく店長の力量が発揮できる数字項目です。ここを1%でも抑えることができれば、大きな利益となって現れます。

しかしその反面、ずさんな管理になってしまうと、お客さまが増えて忙しい状況で働いていても、利益を打ち消す怖い一面も持ち合わせています。だからこそ、いい加減に管理するのではなく、日々の管理が非常に大事になってきます。

ただ、ここで大事なのも、手間をかけずに簡単に行なえる仕組みづくりです。

同じ売上でも、利益が出るお店にするか、赤字のお店にするかは、この原価低減にかかっています。せっかく売上が上がったのであれば、しっかり利益につながるような運営を構築していきましょう。


そして、これら利益を上げる「客数アップ、客単価アップ、原価低減」の3つの対策を支えるのが**人材育成**です。

お店は1人の力ではうまく機能しません。まずは経営者・店長が3つの対策を理解したうえで、チームで取り組んでいくことが大切です。同じように考え、行動できる仲間が多いほど、確実に成果につながっていきます。

3つの対策について、みんなで共有し、簡単に始められることから取り組んでいけば、必ず利益体質のお店になっていくはずです。これからお伝えする数字の考え方・使い方をしっかり読み込んで、必ず実践していただければと思います。

図2　脱・どんぶり勘定!　飲食店の数字のルール

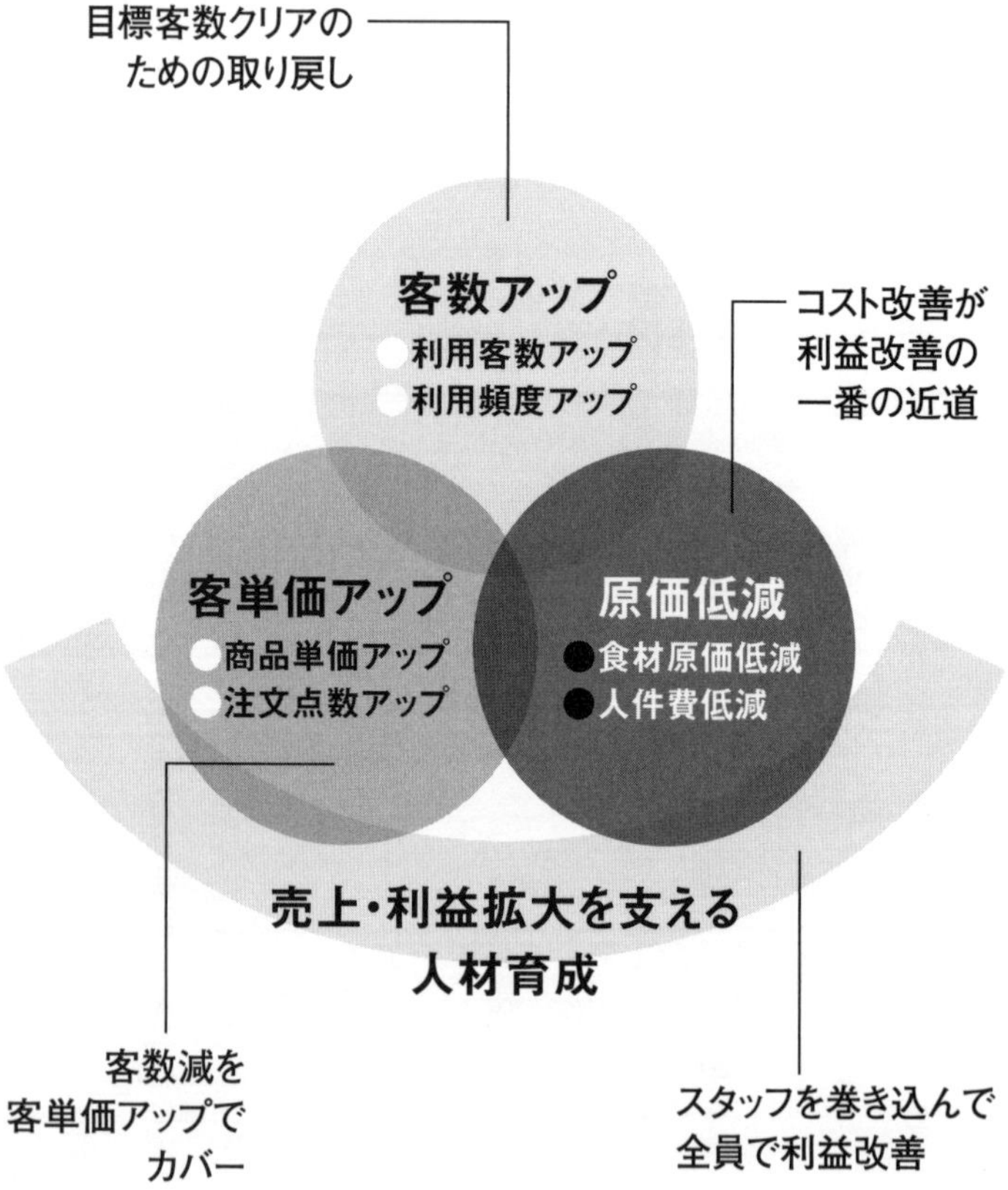

3

Textbook of sales

数字は簡単に理解できる！

簡単じゃないと現場では利用できない

さて、計数を使いこなすためには、簡単に理解できることが必要条件になります。数字が苦手というのは、「数字の見方がわからない」からです。

考えてもみてください。ほとんどの飲食店店長は、店長になってから数字の管理を始めるのです。その管理の方法をしっかり教わる前に、やれ「食材原価率が高すぎる」「人件費をかけすぎている」「光熱費がかかりすぎている」など、いきなり数字のことを言われても、管理の仕方がわからない……。それで、「とにかく数字が苦手！」となってしまった人も多いのではないでしょうか。

まずは、**「正しい数字の見方」**を習得する必要があります。

よく会議などで使われる店舗ごとの損益計算書。この科目の中には、店長が管理しないといけない費用科目と、店長が管理できない費用科目がバラバラに羅列されているため混乱を招いてしまい、結果、よくわからない状態で放置されています。

正しい数字を見るためには、まず店長が管理しないといけない項目だけを抜き出してしまえばいいのです。

自店の損益計算書をわかりやすく分解していく

損益計算書の科目すべてを把握する必要はありません。**店長のコントロールの範囲となるのは、その中の「変動費」にあたるものだけ**です。

その振り分けの方法はいたって簡単です。

まずは、店長の管理から外れる「固定費」を抜き出していきます。

固定費とは、文字通り、固定で発生する科目のことです。もっと簡単にいうと、お店を1日も営業しなくても発生する科目が固定費です。これを損益計算書から抜き出していき

図3 損益計算書を変動費と固定費に分解する

売上高	
商品仕入高（食材原価）	変動費
売上総利益	
給与手当	固定費
雑給（PA※人件費）	変動費
法定福利費	固定費
旅費交通費	変動費
通信費	変動費
広告宣伝費	変動費
衛生管理費	変動費
水道光熱費	変動費
事務用消耗品費	変動費
支払手数料	変動費
教育訓練費	変動費
地代家賃	固定費
賃借・リース料	固定費
減価償却費	固定費
修繕維持費	変動費
備品消耗品費	変動費
販売促進費	変動費
雑費	変動費
販売費及び一般管理費計	
営業損益	
営業外収益	
営業外費用	
経常損益	

※PA＝パートアルバイト

ます。

前ページ図3を見ながら、考えていきましょう。次のものが固定費です。

●**地代家賃**……店舗物件を借りた場合、営業していなくても毎月の家賃は支払う必要があります。

●**人件費の中の社員給与（給与手当）**……まったく営業をしていなくても、社員として雇い入れている限りは、毎月の給与として支払いが伴ってきます。

●**法定福利費**……社員として雇い入れた場合、厚生年金や健康保険、雇用保険、労働保険といった会社負担分が発生し、営業しようがしまいが支払いを行なう必要があります。

●**賃借・リース料**……主に厨房機材などの什器を購入する際にリースで購入したりします。これはリース会社が代わりに購入したものを、一定の契約期間で借り受けることになり、概ね5～6年の間、毎月一定の費用を支払うことになります。これも営業の有無に関係なく、その期間は支払い続けることになります。

●**減価償却費……**自分で用意したお金や銀行に借り入れたお金で、店舗の造作や照明、椅子、机などの付帯設備を購入しますが、これは支払いを一括で行なっても費用は国で定めた法定耐用年数に合わせて、分割して費用計上していく必要があります。この原価償却費も、営業の有無に関係なく毎月、費用計上していく必要があります。

代表する固定費を抜き出してみましたが、固定費は1日も営業しなくても支払わなければならない科目と理解していけば、抜き出しも簡単に行なうことができます。

固定費と変動費の関係

固定費は家賃や社員の人件費、初期投資であるリース料、減価償却費といったオープンする時に決められる費用ですので、店長がコントロールすることは不可能です。その、店長がコントロール不可能な固定費が損益計算書の中にいくつも入っているので、ややこしくなってしまうのです。

そして、店長の管理から外れる固定費を抜き出して残ったものが「変動費」です。

変動費は、店長がコントロールしないといけない科目です。飲食店の場合、その中でも食材原価（商品仕入高）を「フードコスト」といい、パートアルバイトの人件費（雑給）を「レイバーコスト」といいます。これを合わせて「FLコスト」とか「プライムコスト」といいますが、**店長が一番管理を行なわないといけないのが、この二大コストであるFLコスト**です。

変動費の中でも、FLコストを日々コントロールできれば、大きな問題を排除していくことができます。これが理解できると、見るべき項目が、かなり絞り込まれてくるはずです。

それ以外の変動費科目である水道光熱費、広告宣伝費、事務用消耗品費、通信費、旅費交通費、衛生管理費等は、合わせても全体の10〜13%程度ですので、すべてを合計して「その他諸経費」として管理します。

そうすることで、管理する科目がグッと少なくなりますね。

変動費は店長がコントロールすべきもの

固定費は店長のコントロールができないもの。

変動費の中のＦＬコストが一番コントロールしないといけないもの。

これさえ押さえれば、損益計算書の見方はとてもシンプルになります。


例えば、ＦＬコストだけを抜き出せば、毎日の売上と比較して、1カ月のうち今日までの食材原価率によって無駄な仕入れを行なっていなかったかが見えやすくなります。

パートアルバイトの人件費も同じです。働いてもらった時間に平均時給をかけると、今日までの時給が見えてきます。それを売上で割ると、人件費率がオーバーしていないか、毎日確認することができます。

つまり、無駄が出にくい状況になってくるのです。


大事なのは、**大きく捉えて、問題があれば細かく見ていく運営**です。

自店のＦＬコストを「売上に対して何％」と基準を決めておけば、日々の管理はそこから大きく外れていない限り細かく見る必要はありません。逆に、大きくオーバーしている時には、どこに問題があるのかを細かく見ていけばいいのです。

この方法によって、非常にシンプルな管理が実現できていくはずです。

固定費は最低利益目標の数値

固定費は一度抜き出してしまえば、ほぼ毎月同じ金額ですので、各科目の細かい金額は気にせずに、合計金額だけを覚えておけば大丈夫です。

固定費は営業しなくても発生する科目ですので、月初１日で既に決まっているといえます。もう少し詳しくお伝えすると、**この合計金額を上回る営業利益を叩き出さないと赤字になるということが、月が始まる前に決められている**ということです。

また、自店で達成したい利益目標がある場合は、この固定費の合計に利益目標額を足したものが自店の営業利益目標になってきます。

ここまで理解できたら、さらに分解して見ていきましょう。

4 Textbook of sales

1人あたりの利益がわかれば、損益分岐点客数はパッと計算できる

損益計算書をさらに見やすく並べ替える

損益計算書をさらにわかりやすくするために、まずは次ページ図4のように変動費と固定費に分けて並べ替えます。皆さんも、同じやり方で一度並べ替えてみてください。

次に、その数字を管理がしやすいようにまとめていきます。

変動費の中でも食材原価（フードコスト）とＰＡ人件費（レイバーコスト）は個別に管理が必要なため、そのまま抜き出します。それ以外の変動費はその他諸経費合計としてまとめ上げてしまいます。これにより、変動費がより見やすくなったと思います。

食材原価、ＰＡ人件費、その他諸経費合計を足したものが**変動費合計**です。

図4　損益計算書を並び替える

変動費と固定費に並び替える

売上高		5,000,000
商品仕入高（食材原価）	変動費	1,600,000
雑給（PA人件費）	変動費	900,000
旅費交通費	変動費	100,000
通信費	変動費	15,000
広告宣伝費	変動費	30,000
衛生管理費	変動費	30,000
水道光熱費	変動費	180,000
事務用消耗品費	変動費	30,000
支払手数料	変動費	5,000
教育訓練費	変動費	10,000
修繕維持費	変動費	20,000
備品消耗品費	変動費	30,000
販売促進費	変動費	30,000
雑費	変動費	20,000
給与手当	固定費	350,000
法定福利費	固定費	90,000
地代家賃	固定費	500,000
賃借・リース料	固定費	160,000
減価償却費	固定費	400,000
販売費及び一般管理費計		4,500,000
営業損益		500,000
営業外収益		0
営業外費用		0
経常損益		500,000

管理しやすいようにまとめる

売上高		5,000,000
変動費合計		3,000,000
変動費	商品仕入高（食材原価）	1,600,000
	雑給（PA人件費）	900,000
	その他諸経費合計	500,000
変動利益（営業利益）		2,000,000
固定費合計		1,500,000
経常利益		500,000

店長は、この変動費を売上状況に応じてコントロールしていきます。

●食材原価＋ＰＡ人件費＋その他諸経費合計＝変動費合計

また、売上から変動費合計を差し引いたものが、**変動利益（営業利益）**です。変動費がかかりすぎると、変動利益（営業利益）は目減りしていきます。

●売上－変動費合計＝変動利益（営業利益）

そして、変動利益（営業利益）から固定費合計を差し引いたものが、店舗での**経常利益**となります。

変動利益（営業利益）が固定費を下回ってしまうと、赤字ということになります。そのため、変動利益（営業利益）目標は必ず固定費合計を上回っている必要があります。

●変動利益（営業利益）－固定費合計＝経常利益

数字を理解しやすくするためのもう1つのポイント

数字を理解しやすくしていくためには、もう少しこの表を分解します。

実は、損益計算書には客数が含まれていません。しかし、図5のように客数を入れてみると、**自店の客単価**が現れてきます。

さあ、あと一歩で計算がグッと簡単になります。客単価をさらに分解しましょう。

客単価は、お店でお客さまが使われたお金の平均です。図5下のように、**全体の変動費率と1人あたりの変動費単価の比率は同じ**になります。ということは、利益についても同じことがいえます。この比率のことを**構成比**といいます。

- **変動費の構成比＝変動費単価の構成比**
- **変動利益（営業利益）の構成比＝変動利益単価の構成比**

これをもとに、このお店の1人あたりの変動費単価と変動利益単価を計算してみます。

図5 客単価で管理する損益計算書

客数を入れると自店の客単価が見えてくる

		金額	構成比	客数	2,000	構成比
売上高		5,000,000		客単価	2,500	
変動費合計		3,000,000	60%			
変動費	商品仕入高（食材原価）	1,600,000	32%			
	雑給（ＰＡ人件費）	900,000	18%			
	その他諸経費合計	500,000	10%			
変動利益（営業利益）		2,000,000	40%			
固定費合計		1,500,000	30%			
経常利益		500,000	10%			

1人あたりに落とし込めば管理が簡単に

		金額	構成比	客数	2,000	構成比
売上高		5,000,000		客単価	2,500	
変動費合計		3,000,000	60%	変動費単価	1,500	60%
変動費	商品仕入高（食材原価）	1,600,000	32%			
	雑給（ＰＡ人件費）	900,000	18%			
	その他諸経費合計	500,000	10%			
変動利益（営業利益）		2,000,000	40%	変動利益単価	1,000	40%
固定費合計		1,500,000	30%			
経常利益		500,000	10%			

● 変動費単価＝客単価×変動費率＝２５００円×60％＝１５００円

● 変動利益単価＝客単価×変動利益（営業利益）率＝２５００円×40％＝１０００円

このお店は1人に対して平均2500円いただきますが、1人あたり平均1500円分を、食材原価とPA人件費、その他諸経費合計分の支払いのために残しておく必要があります。そして、残った1000円分が1人に残る利益として蓄えられていきます。

では、1人あたりに残る1000円がすべて自由に使えるお金かというと、それも間違いです。まずは、この1000円を蓄えて固定費合計分を稼ぎ出さなければ、経営は赤字となってしまいます。

損益分岐点はこんなに簡単！

ここまでくれば、あとは簡単です。前述したように、固定費合計分を1人の利益、つまり、変動利益単価を積み上げていくことで赤字にならないようにしなければなりません。

ということは、固定費合計を変動利益単価で割れば、必要客数が出てきます。

150万円÷1000円＝1500人

このお店は月に1500人以上のお客さまに来店していただければ、赤字にならなくて済むということです。これが**損益分岐点客数**です。

●固定費合計÷変動利益単価＝損益分岐点客数

数値管理に強くなるためのポイントとして、**固定費合計と1人あたりの変動利益単価の2つの数字を理解できると、**さまざまな計算が簡単に求められるようになります。

利益目標を加えれば、月の目標客数がすぐに計算できる

例えば、このお店で60万円の利益を出すためには、何人のお客さまの来店が必要になる

でしょうか？

図6のように、60万円残すためには、固定費合計の150万円を足して変動利益（営業利益）を210万円稼ぎ出す必要があるため、210万円を変動利益単価で割れば必要客数が算出され、これに客単価をかければ必要売上が求められます。

必要客数＝210万円÷1000円＝2100人
必要売上＝2100人×2500円＝525万円

変動利益単価（1人あたりの利益）で割れば、必要客数が出てきますので、売上目標より具体的に対策が打ちやすくなってくるのです。

さらに、損益計算書を図6まで分解できれば、もう、ややこしい損益計算書を使って毎回計算を行なわなくても、この簡単な表を使って管理が行なえるようになり、素早く対策・行動に取りかかっていけます。

だまされたと思って、一度だけ自店の損益計算書をこの表に分解してみてください。

図6　損益分岐点客数の求め方

変動利益単価がわかれば損益分岐点は簡単に求められる

		金額	構成比	客数	1,500	構成比
売上高		3,750,000		客単価	2,500	
変動費合計		2,250,000	60%	変動費単価	1,500	60%
変動費	商品仕入高（食材原価）	1,200,000	32%			
	雑給（ＰＡ人件費）	675,000	18%			
	その他諸経費合計	375,000	10%			
変動利益（営業利益）		1,500,000	40%	変動利益単価	1,000	40%
固定費合計		1,500,000	40%			
経常利益			0%			

（60万円の利益を目標とした場合）

利益目標を加えて、目標客数を計算する

		金額	構成比	客数	2,100	構成比
売上高		5,250,000		客単価	2,500	
変動費合計		3,150,000	60%	変動費単価	1,500	60%
変動費	商品仕入高（食材原価）	1,680,000	32%			
	雑給（ＰＡ人件費）	945,000	18%			
	その他諸経費合計	525,000	10%			
変動利益（営業利益）		2,100,000	40%	変動利益単価	1,000	40%
固定費合計		1,500,000	29%			
経常利益		600,000	11%			

5 日次客数まで落とし込んで、毎日数字を追いかけよう

月の目標が決まれば、次は1日の目標に

ここまでくれば、目標設定の仕上げです！

前項の事例では、60万円の利益を残すためには、２１００人のお客さまが必要だとわかりましたが、これを漠然と追いかけても、月末に近づかないと達成感が湧いてこないと思いませんか？

数字は、具体的に想像ができないと、ただの文字になってしまいます。より具体的に想像ができた時に、対策が打ちやすくなってきます。

そのためにも、目標設定は１日単位の目標に置き換えて考えていきましょう。

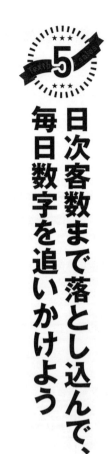

1日の目標に変わると、どうやってクリアしていくかを考えられるようになります。

例えば、先ほどの2100人の目標客数を営業日数で割ります。

2100人÷30日＝1日70人

この70人が1日の目標になっていれば、毎日の達成が具体的に見えてきます。

「今日何人足りなかった」「それでは明日以降、どんな対策が考えられる?」「おっ、達成したぞ!」といった感じで、ひと月が終わる前にさまざまな対策が考えられるようになってきます。

人は具体的で身近に感じるものでないと、先延ばしにしてしまう傾向にあります。だから、1日で区切って数字を管理していくのが最も有効な対策だといえるのです。

曜日や週によって売上は変動するけれど……

しかしながら、ほとんどのお店が、どの曜日も平均的にお客さまに来店いただけるわけではありません。曜日ごとにお客さまの入店数も変わってきます。

これを踏まえると、毎日同じ70人を目標として追いかけて本当にいいのでしょうか？

答えは「Ｙｅｓ」です！

数字は簡単でなければ、使いこなすことはできません。単純に営業日数で割るだけなら、誰でも簡単に１日の目標に置き換えることができます。しかし、曜日傾向や、週傾向を入れようとすると、特定の人にしか理解できなくなり、スタッフ全員で共有するのは難しくなってきます。

全員が簡単に計算し、全員が同じ数字を追いかけることができれば、確実に目標を定着させ、全員で対策を考えられる状況を作り込んでいくことができます。

せっかく表計算ソフトなどを使って曜日ごとの傾向や、週ごとの傾向を入れて計算して出てきた数字なのに、共有されないと本末転倒だと思いませんか。繰り返しますが、数字管理は簡単が一番です！　まずは月全体で見て、日ごとの平均客数を認識するだけでいいのです。

簡単なやり方を利用するともう1つ大きな利点が!

日本人の給与の支払日は、特に25日に集中しています。その次が15日です。お客さまの消費行動は給料日直後に集中し、逆にその直前は節約傾向になります。仮に月の目標客数を30日で割った平均客数を1日の目標とした場合、月初から月中にかけて、目標を下回る日が多くなります。

この月初の段階で目標を下回る日が多いということがポイントです。つまり、目標を下回る日が多くなるということは、**月初のうちに対策を考えていく必要があるということです。**

月初から対策を考えていくと、月末まで残された日数はまだまだあります。あらかじめ余裕を持って取り組むことができるというわけです。

月末に向けて対策を実行していくことで、大きなご褒美がもらえます。対策効果と給料日明けの客数増がダブルで現れ、目標達成がしやすくなるのです。

これを、より正確な数値を使って、曜日傾向や週傾向を入れて作成していこうとすると、ほとんどのお店が月初は平均的に、月中から後半に向けて少なめに、給料日明け最終週はグッと押し上げた数字が目標となります。

確かに、これでいくと、月初から月中、後半まで目標を下回る日は少なく、大きな差が現れることなく過ごせます。しかし、給料日明けの月末にグッと目標が上がった段階で、思いのほか入店が少なかった場合、どうなるでしょうか？　月末ですから、残された日数は既にあと数日。対策を練るどころか、「今から動いても達成は難しい」とあきらめるしかありません。

目標の未達成によってスタッフが打ちひしがれる中、翌月がスタートすることになります。そして、もう取り戻すことができない先月の数字とにらめっこしながらも、翌月は月初から月中、後半と目標を下回る日が少なかった場合、大した分析もしないまま「たまたま先月は悪かったんだ」と正当化しそうになりませんか？

数字の傾向を見て、せっかく事実と近い数値にして計画を立てたにもかかわらず、目標達成しにくくなるというのは、非常にもったいないないと思います。

それであれば、厳密に正確でなくても、誰もが簡単につかめる数字で、みんなで対策を考えてチャレンジしていく方が、お店の運営としてはよほど健全です。

大事なのは、**誰もが簡単に計算できて、誰もが簡単に理解できて、誰もが対策を考えられる**環境づくりにあります。そして、それは簡単でないと長続きしないということです。

簡単なやり方で、月初に下回る日が多くなることを、傾向として理解できるようになってきます。その時に、「今月はみんな何をしようか？」と声をかけられる環境があれば、残された対策日数が多い分、スタッフ全員の気持ちに余裕ができ、楽しく対策を考えていけます。

私たちに必要なのは、税金のための財務データのように、1円を合わせる必要がある会計（財務会計）ではなく、おおまかな傾向をつかんで、行動に移していける数字の見方（管理会計）です。

毎日の成績をカレンダーで共有する

10日終わって、何人ショートしているか？　カレンダーの活用

毎日の目標が決まれば、目標と結果が記入できる図7のようなカレンダーを作成します。カレンダーは、市販されている日付の下に予定が記入できるタイプのものであれば大丈夫です。次の順序で記入していきます。

①まず日付ごとに目標と結果の2列に区切ります。
②次に目標の方に目標客数、目標売上、その日までの目標累計客数、その日までの目標累積売上を記入します。
③これを1日から月末日まで、埋めていきます。

図7 毎日の目標と結果が一目でわかるカレンダー

月曜日			
1日			
目標客数	70人	実績客数	
目標売上	175,000円	実績売上	
目標累計客数	70人	実績累計客数	
目標累計売上	175,000円	実績累計売上	
8日			
目標客数	70人	実績客数	
目標売上	175,000円	実績売上	
目標累計客数	560人	実績累計客数	
目標累計売上	1,400,000円	実績累計売上	

火曜日			
2日			
目標客数	70人	実績客数	
目標売上	175,000円	実績売上	
目標累計客数	140人	実績累計客数	
目標累計売上	350,000円	実績累計売上	
9日			
目標客数	70人	実績客数	
目標売上	175,000円	実績売上	
目標累計客数	630人	実績累計客数	
目標累計売上	1,575,000円	実績累計売上	

・・・

29日				30日			
目標客数	70人	実績客数		目標客数	70人	実績客数	
目標売上	175,000円	実績売上		目標売上	175,000円	実績売上	
目標累計客数	2,030人	実績累計客数		目標累計客数	2,100人	実績累計客数	
目標累計売上	5,075,000円	実績累計売上		目標累計売上	5,250,000円	実績累計売上	

これで準備ＯＫです！

これを、スタッフ全員が常に見える場所に貼り出しておいてください。

成功哲学の第一人者であるナポレオン・ヒルも提唱している「目標を立てる」「目標を書き出す」「目標を掲示する」「常に見えるように掲示する」、この実践をカレンダー１つで実現していきます。

客数を追いかける

目標が誰もが見える場所に掲げられれば、あとは実践あるのみです！

実際に営業を行なっていくと必ず、目標に対してプラスかマイナスかの結果が現れてきます。その結果を今度は、カレンダーの日ごとの実績に追記していきます。

そうすることで、目標との差が毎日、誰もが見える形で現れてきます。

前述したように、目標を30日で割った平均で記入していますので、最初はなかなか達成できない状況に陥ると思いますが、その段階での差を理解し、月末までにできる対策を施していくことが大事です。

例えば、10日が終わった段階で目標が700人だったにもかかわらず、実績が600人だったとします。この差100人を月末までに取り戻さなければ、目標をクリアできないということが、スタッフ全員で毎日共有できます。

しかし、ご安心ください。この段階で残された日はまだ20日も残っています。この20日をかけて、100人を取り戻していけばいいのです。やれることはたくさんあります。

そして、対策についても、店長1人で考えるのではなくスタッフをどんどん巻き込んでいきましょう!

この段階から対策を仕掛けていった店長と、対策をしなかった店長では、客数として大きな差になって返ってきます。それは、自分たちの財産に変わっていくはずです。

自店の傾向が縦に現れる

結果をカレンダーに記入していくことで、お客さまの行動パターンが見やすくなってきます。

まず曜日ごとに縦に見ていくことで、どの曜日に客数が増え、どの曜日が振るわないのかが視覚的に見やすくなってきます。感覚での話と違って数字が指示してくれるので、対策として動きやすくなってきます。これにより、無駄なシフト組みをなくすことができれば、原価低減にもつながっていきます。

また、行なった対策によって、客数の動向がどう変わったのかも、しっかり数値に現れますので、その後の検証をスムーズに行なうことにつながっていきます。

どこにでもあるカレンダーを、経営ツールとしてうまく活用してください。

7 効果測定を重ねていく

効果測定のやり方を知る

さあ、前述したように最初は目標を下回ることが多くなると思いますが、まだまだ残された日数はありますので、楽しみながら対策を行なっていきましょう。その時、効果測定ができる仕組みを用意しておく必要があります。

効果測定で大事なのが、1人あたりの利益単価です。この1人あたりの利益単価がわかっていれば、自店の売上アップ対策が結果的によかったのかどうかが明確に理解できるようになります。

わかりやすくするために、事例を通して見ていきます。

45ページ図6のお店の客単価は2500円、変動利益（営業利益）40%ということは、

2500円×40%＝1人あたりの変動利益単価＝1000円

になります。

仮に、今回は集客サイト（サイト活用費15万円）を活用して告知を行ない、集客に努めようとしたとします。皆さん、このサイトによって何人集客ができれば成功したといえますか？　一緒に計算してみましょう。

1人あたり1000円の中から利益を積み上げて、15万円稼ぎ出さないといけないということは、

15万円÷1000円＝150人
150人×客単価2500円＝37万5000円

最低150人、37万5000円のお客さまと売上が必要になってきます。

本当にこれでよいのでしょうか。もう少し考えていきましょう。

15万円の費用をかけて、15万円分の利益が残ったということは、その残った利益はすべて支払いに回ってしまい、結果しんどい思いをして、利益は一切残っていないことになります。この対策が有効だったというためには、倍の効果が必要だと思いませんか。

コストを15万円かけたということは、利益としてその倍の効果が出ない限り、成功だったといえないということです。

倍の売上につながれば、15万円の支払いを行ない、15万円の利益につながったことになり、有効なツールだと判断できるようになります。つまり、

(15万円×2倍)÷1000円=300人
300人×客単価2500円=75万円

最低300人のお客さまと、75万円の売上が必要だということです。

これを理解して対策を考えていくと、効果の有無も明確になってきます。**1人あたりの**

変動利益単価で割ることで、人数に変換され、効果測定が非常にわかりやすくなるということです。

対策を行なった結果を数値で残す

皆さんのお店ではこんな会話が行なわれていませんか？

「去年やった集客イベント、よかったよね」

「そうでしたっけ？　でも、いつもよりお客さまは増えていたような気がします」

「だろ！　今年もあれやるから！」

これに似たような会話で、何となく同じようなことを繰り返し行なっていませんか？

もし、そのイベントが本当はほぼ効果がなかったものだとすると、同じ問題を繰り返し行なうことになってしまいます。

また、値引き・割引イベントによって一時的に集客が行なわれただけで、その後のリピートにもつながらなかった……なんてことも。検証を行なっていないと、曖昧な記憶を頼りに成功だと勘違いしてしまい、失敗の繰り返しがされていたりします。

せっかく行なった対策やイベントを生かすも殺すも店長しだいです。実行した結果をだいなしにしないためには、その結果を数値やデータとして残しておく必要があります。

また、大きな成功を収めた対策やイベントも、月日が流れてしまうと、具体的な内容は忘れられてしまい、何となくうまくいった、うまくいかなかったといった漠然とした情報に変わってしまい、あげくに、そこで作られたツールも忘れ去られ、また同じよう労力をかけて作成し直したりします。

特に、店長が変わったり、他の系列店舗で同じようなことを行なう時にも発生しがちです。労力の二度手間、三度手間を引き起こさないように、次につながるようにしていきましょう。

実行した結果はカレンダーに書き残す

そこで、客数を追いかけてきたカレンダーのあきスペースに、対策やイベントを行なった結果を書き込んでいきます。ポイントは、

●誰に向けて実施するのか
●かけた費用明細
●作成したツール類
●結果（何人の増客、いくらの客単価アップ、狙った客層が来ていたのかなど）

を誰もが一目でわかるように記載することです。この結果が、大きな財産になって残されていきます。

結果と実施した内容を目標設定したカレンダーに残していくことで、翌年以降の販促カレンダーに変わり、具体的な対策が数値で話し合われるようになっていきます。

数字は嘘をつきません。本当に成功した対策やイベントをピックアップして、実行していくことができますし、そこで作成したツールやデータについても無駄に再度作成するといった労力も省かれるようになってきます。

さらに、このツールやデータがあることにより、作る手間がない分、困った時にすぐに行動に移していくことが可能になってきます。そして、前回と比較して、同じ結果が生まれたのか、下がったのか、上がったのか、といったさらなる分析データとして残していくことができます。

複数店舗を展開している場合は、うまく行なった対策やイベントを共有していけば、1店舗の成功が複数店舗の成功を導くこともできます。あなたの努力がチェーンの未来を築いているのです。

1つ残念なことを付け加えると、この活動を続けていくことで、テッパンで当たっていたイベントも年月が経てば、当たらなくなるものも生まれてきます。時代の変化は思考の変化や行動の変化も合わせて起こしていくため仕方がないのですが、しっかりそのデータを残しておけば、それ以降に同じ失敗を繰り返さなくてもよくなります。

また、気候変動などで、客数が大きく下回った時でも、この数字になった対策やイベントがあれば、あきらめずに、月末までの取り戻しに着手していくことができます。あらかじめ、取り戻しが数値として残っているので、自信を持って取り組んでいくことができます。

結果を数字で残していき、魔法の販促カレンダーを手にしてしまえば、一喜一憂せずに、確信を持ってチャレンジしていくことができますので、自店なりの販促カレンダーを作っていってください。

失敗事例も未来の教訓

前述したように、このカレンダーには、失敗したもの、思いのほか成果が出なかったものについても数値でその結果を残すようにしてください。そうすることで、ターゲットが悪かったのか、そもそも対策やイベントが悪かったのか、時期が悪かったなど、次にブラッシュアップしていけるものがたくさん見えてきます。

これも数値で残っていないと、変化をさせずに同じ失敗を何度も何度も繰り返してしまい、結果、何をやってもうまくいかないとあきらめてしまうお店をよく見ます。

失敗事例にもお金をかけて実施しているのですから、それを教訓にして、次の前進に使っていかないと、無駄の繰り返しになってしまいます。

失敗にも結果が残っているので、そこから考えていけば、次回、次々回に大きな華が咲くことにつながっていきます。月並みですが、失敗は検証だと考えていただき、どんなことでも数値を残して、次に活かしていってください。

2章

お客さまを逃さない！
「客数アップ」対策

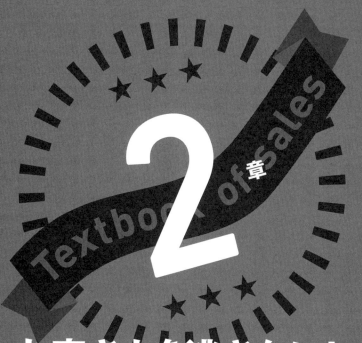

1

新規客獲得ではなく流出客対策という考え方

客数が伸びない理由

計数を理解し、対策を行なっていくためには、その基礎となる「客数」を増やす必要があります。お客さまが少ない状況では対策にも限界があり、利益につなげていくのも至難の業です。

それでは、客数をどうやって伸ばせばよいのでしょうか。

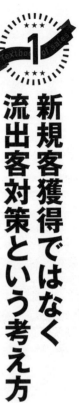

皆さんは、新規のお客さまを取り込むことだけに躍起になっていませんか?

お客さまの流れは、図8のようになっています。

仮に、プロモーションを仕掛けて、新しく300人のお客さまに入店いただいたとしま

図8　客数を増やす流れ

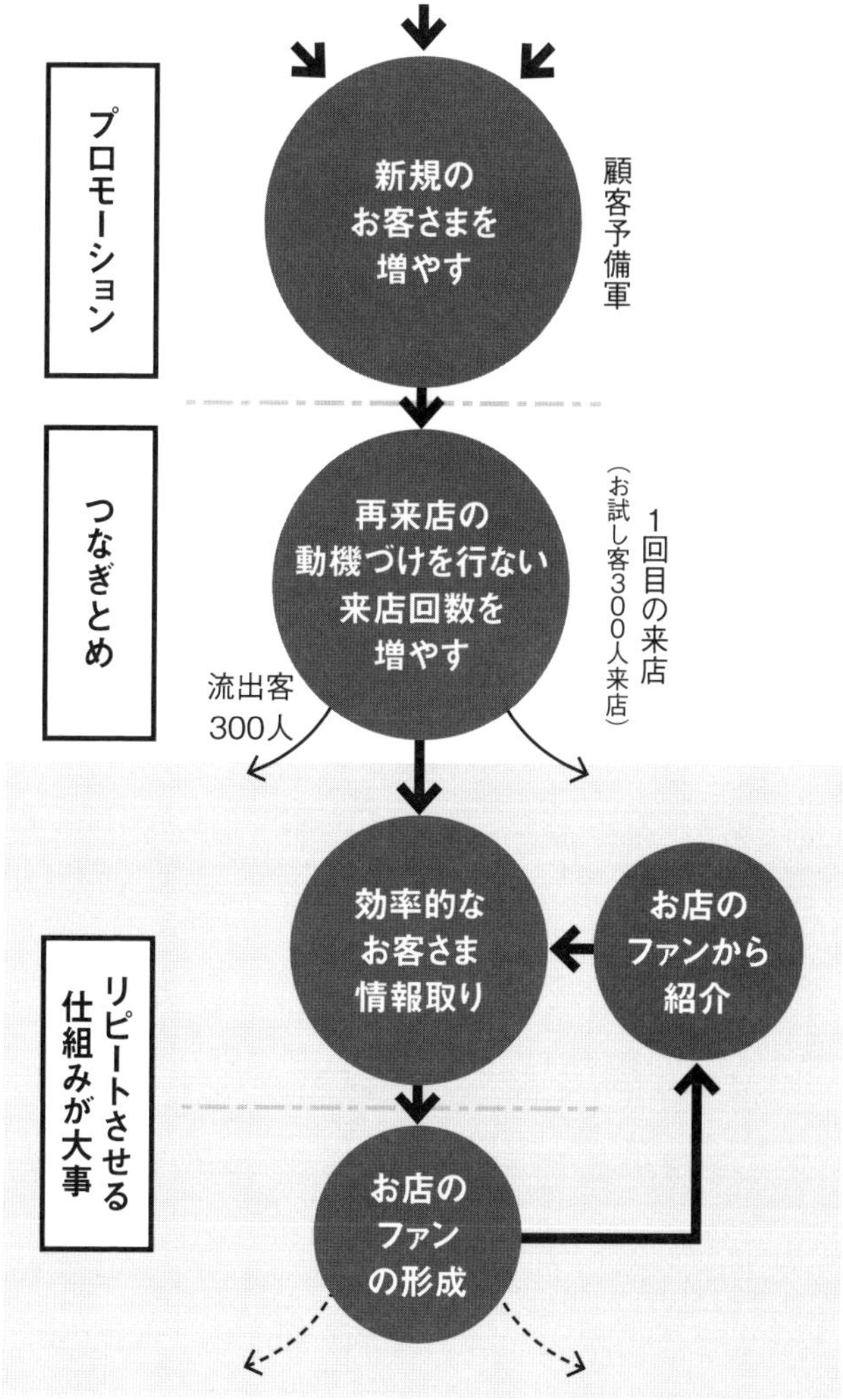
プロモーション
新規のお客さまを増やす
顧客予備軍
つなぎとめ
再来店の動機づけを行ない来店回数を増やす
1回目の来店（お試し客300人来店）
流出客300人
リピートさせる仕組みが大事
効率的なお客さま情報取り
お店のファンから紹介
お店のファンの形成

す。しかし、プロモーションの期間が終わった翌月、また同じ客数に戻ってしまった。本当に成果があったのでしょうか？

これは、300人のお客さまが試しにお店を利用しに来てくれたにもかかわらず、翌月は来なくなったことを意味しています。300人のお客さまが失われたということです。実は、こういうお店は非常に多いと思います。

これを繰り返し行なっていると、お客さまに飽きられてしまい、プロモーションを仕掛けても思うような効果が望めなくなっていきます。せっかくお金をかけたにもかかわらず集客できないのは、大打撃といえます。

なぜ、こういうことが起こるのでしょうか？

それは、**初めて来ていただいたお客さまが、次の来店につながらない流出理由があるから**です。

その理由は多岐にわたりますが、汚い、臭いがする、虫が出る、値段の割においしくない、他と比較して見劣りする、接客が不親切、注文してから出てくるのが遅いなど……。

しかし、その理由を放置した状態で新規のお客さまを集めようとすることは、悪い噂をお金をかけて広めているのと同じことです。

「うちは古いから、汚くてもしょうがない」「おいしいんだから説明なんて不要だ」というのは、お店の数が飽和していなかった昔の時代にしか通用しません。逆に、古くても磨き上げられたお店や、おいしい料理をしっかり説明して接客するお店は、競合店との差別化にもなり、お客さまのクチコミにもつながります。

他店を越え続けない限り、継続運営していくのは難しい時代になっているのです。

お客さまはお試し客から始まる

お客さまが初めて来店する時の立場を理解しておくと、その後の再来店へのつながり方が変わってきます。

図9にあるように、まだお店を利用したことのないお客さまは**「顧客予備軍」**といいます。まずはこの層に向けてプロモーションを行ない、来店につなげていきます。

この1回目のお客さまは、非常に厳しい目を持っています。このご時世、たいがいのものは、一度は食べたことがある人ばかりですから、お客さまの中では比較対象を持っているということになります。

図9 最重要顧客を囲い込む

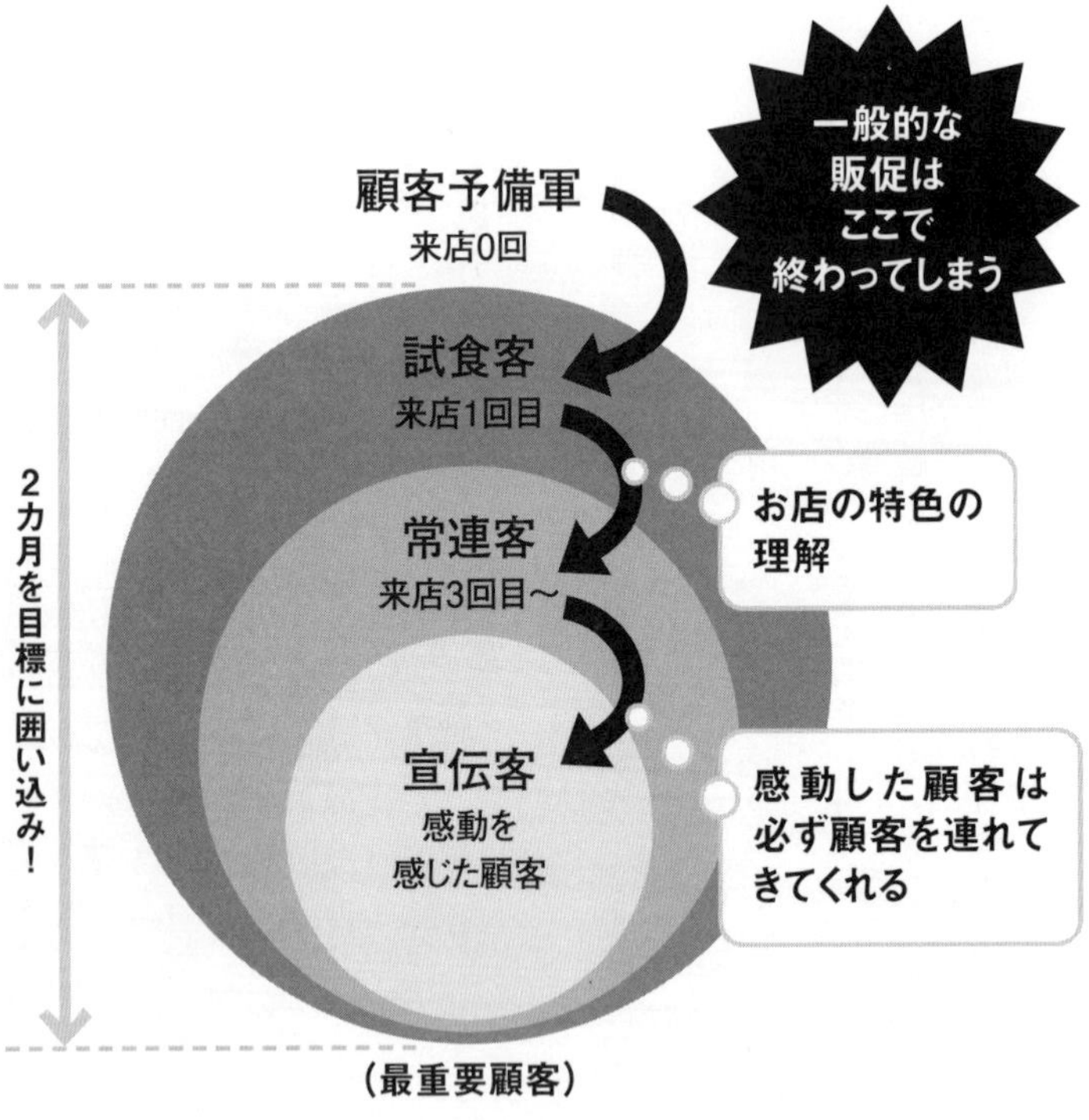

すなわち、お試しでお店に来ている「**試食客**」なのです。

この試食客に納得していただくためには、お店のよさを伝えることが必要になります。おいしいのは当たり前の世の中、「なぜ」おいしいのかをしっかり理解していただかないといけない時代になっています。差別化のポイントをお客さまに納得していただいて初めて、次の来店につながるのです。


ところが、ほとんどのお店がこれに気づかずに、お金をかけて新規客獲得のためのプロモーションを行なっています。

確かに、一時的にはお客さまが来てくれて、お店の感想をクチコミしてくれるかもしれませんが、せっかくのクチコミも、お客さまに委ねっぱなしではもったいないことです。

ご来店時に「当店は毎朝丁寧に出汁から取っていますので、まずは風味と旨みを感じて召し上がってくださいね」と伝えられて食べるのと、伝えられずに食べるのとでは、その印象はかなり変わると思います。

また、記憶への残り方も変わってきます。「あそこおいしいよ」と言われるのと、「あそこは毎日出汁から取っているので、風味からしておいしいよ」と言われるのと、どちらに行きたいと思いますか？

現在は誰もが情報発信できる時代であるため、その情報を頼りに来店する人が多くなっています。だからこそ、お客さまがＳＮＳを通してクチコミをしてくれる情報の内容が大事なのです。

情報を伝える工夫をしているお店は、いいクチコミが増えていきます。その情報を見たお客さまが常連客となり、さらに宣伝客となって、どんどん新しいお客さまを連れてきてくれます。それもありがたいことに、お金をかけずにです！

このお客さまは試食客と違い、プラスの情報を持ってご来店いただいているので、プロモーションによる新規客よりも確実にリピートにつながりやすいお客さまだといえます。

このように、新規のお客さまの入り口が２つあることを、まずは理解しておいてください。「客数アップ」といっても一律の対策ではなく、プロモーションを仕掛けた新規客獲得と、目の前のお客さま対策の２点セットで行なっていきます。

2 リピートしやすいお客さまはどこに眠っている？

商圏範囲を知る

中小規模の店舗であれば、最少のお金で効率的に集客を行なっていくことが鉄則です。その際に、どこまでの範囲で集客するのかがポイントになってきます。ここを間違うと、無駄に費用ばかりかかる結果になってしまいます。

ズバリ、その範囲は**10分圏内**です！

- **徒歩のお客さまを主体で集客する場合は半径５００ｍ**
- **自転車、車のお客さまを主体で集客する場合は半径２㎞**

意外と小さいと思うかもしれませんが、自店に近ければ近いほど、お客さまが周辺環境の想像がつくので、存在を知っていただきやすくなります。

例えば、「あ〜、コンビニの横ね」「スーパーのところを入った辺りね」など、お客さまがすぐにイメージできる場所が利用されやすい場所です。

まずは近隣の地図を用意して、徒歩のお客さまがメインの場合は自店を中心に半径500m、自転車、車利用のお客さまがメインの場合は2㎞の円を描いてみてください。そして、この小さい範囲をさらに絞り込んでいきます。

会社員をターゲットとする場合は、その範囲の中でも、普段よく使う駅に向かって反対側が**1次商圏**となります。最もチャンスがあり、囲い込みを行なうお客さまが眠っている地域です。この地域のお客さまは普段、駅に向かって行動をします。お店が駅までの通り道の中にあるので、一番利用されやすいエリアの人といえます。

次に、お店から駅までが**2次商圏**の人は、駅に向かって行動をする中でお店に行こうとすると、駅から遠ざかっていくことになりますので、少し敬遠されてしまいます。

図10 1次商圏=徒歩10分圏内のお客さまを狙う
（徒歩のお客さまがメインの場合）

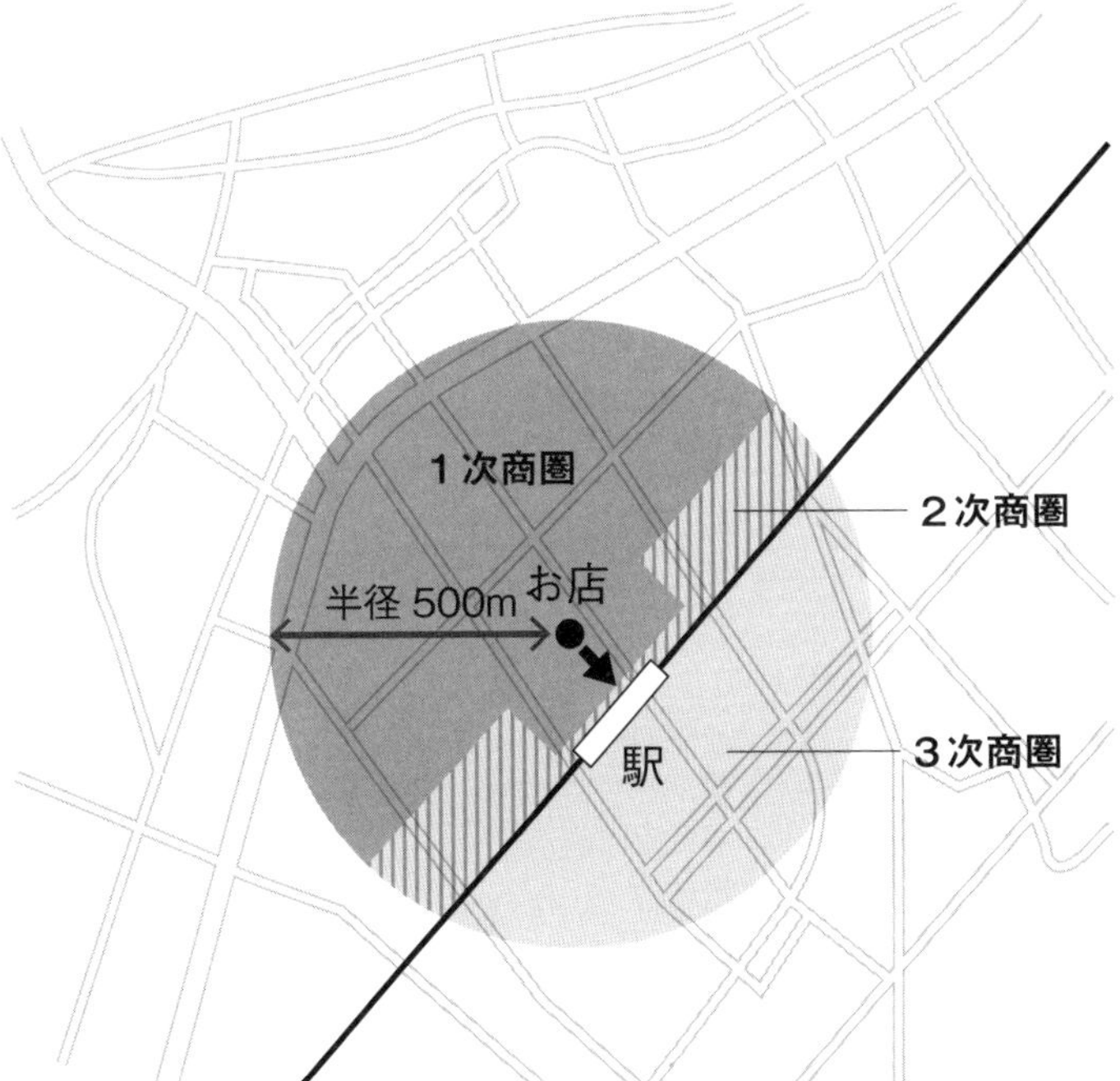

最後に、駅の反対側が**3次商圏**です。人は、駅を越えて活動することはあまりありません。自宅や会社から遠ざかることになってしまうので、線路をまたいでのご来店は難しくなります。


同じように、主婦の方をターゲティングする場合は、よく使うスーパーに向かって反対側が1次商圏、自宅からスーパーの間が2次商圏、その反対側が3次商圏となります。

また、1次商圏の範囲であっても、片側3車線以上の国道や川、鉄道がその範囲に入っている場合は、自店から見てその反対側の地域は商圏から外れてしまいます。

商圏は意外と小さい範囲であることが理解していただけたと思います。そこを集中的にプロモーション活動していくことが最も効率的で、お金をかけない客数アップの方法です。

商圏内の地域性

商圏を押さえておけば、対策を半分に絞ることができます。それは、お客さまの反応は概ね、**「プライスに反応する地域」**と**「クオリティに反応する地域」**の2つに現れるからです。

これは、地域の人たちが、自店をどちらをウリにしたお店だと認識しているかにもつながってきます。これを誤って、逆の対策を行なってしまうと、反響が出てくるまでに時間がかかってしまいます。

対策やイベントを行なう際には、まず誰に向けて行なっていくのか、自店の客層を決めましょう。その後、地域性を見てプライス重視でいくのか、クオリティ重視でいくのかを考えていきます。

なお、わからない場合は、両方の対策やイベントを行なってみて、どちらの反応がよかったのかを見ていけばよいでしょう。反応は概ねどちらかに傾いて現れてきますので、その状況がわかったら、傾いた方の対策を集中して行なってみてください。

商圏を広げるとどうなる？

それでは、徒歩のお客さまの来店が多いお店で、商圏範囲を倍の半径1㎞に広げるとどうなると思いますか？

活動範囲は4倍に増え、4倍の効果が望めればいいのですが、残念ながらその効果は半分に減ってしまいます。さらに1・5㎞に広げてみると活動範囲は9倍に増え、その効果はさらに半分に減ってしまいます。コストを9倍かけて、4分の1以下の結果です。

これには、大きな落とし穴があります。

広い範囲から集めようとすると、どうしても大きな割引や値引きなどの還元をつけた集客になりがちですが、この大きな還元で反応してくれるのは結局、足元のお客さまです。一度大きな還元で来店すると、次も大きな還元が提示されるまで利用しなくなってしまいます。

商圏を広げるということは、大きなコストをかけて足元のお客さまを失うことにもつながりかねないのです。

一番リピートしていただけるお客さまはどこにいる?

反対に、足元のお客さまに向けてプロモーションを行なう場合、還元の内容は小さいものでも反響を得やすくなります。

「近所にこんなお店あったんだ！　どうせ近いし、少しお得なチケットがあるから行ってみよう」といった感じで、近さは最大の武器になります。

そして、近くのお店ほどリピートが望めます。いくらお気に入りのお店でも、車で1時間のお店に毎週通うのは難しいですよね。

しかし、歩いて10分圏内にお気に入りのお店があったら、どうでしょう？　1週間に1回のペースで来ていただくことも、不可能ではないと思います。

限られた資本を最大限効果的に使って客数アップをしていくためには、足元のお客さまを徹底的に狙い、囲い込みを行なっていくことをおすすめします。

まずは、徹底的にご近所に愛されるお店を目指していきましょう。

3

客数アップ対策効果は時間差で現れる

多勢のイベントは印象に残りにくい

地域を広げてお客さまを集めるマスマーケティングは、店内販促のセールスプロモーションを同時に行なうことによって初めて、リピートにつながる効果が生まれます。

本来であれば、せっかくご来店いただいたお客さまですから、お店のコンセプトや自慢のメニュー、利用シーン等をしっかり伝えて覚えていただかないといけません。それなのに、一気に集めた弊害として、丁寧な接客がままならず何も伝えることができずに、ただメニューを選んでいただき、ただ食べて帰っていただくだけでは、何のための集客であったのかも不明になってしまいます。

今の時代のお客さまは、「値引き・割引をしてもらっているし、今日は大目に見てあげよう」なんてことは思ってくれません。どんな状況においても非常にシビアに判断しています。お店の都合よりも自分の居心地を優先する傾向にあり、対応がよくないと、次の来店を遠ざける結果を生んでしまいます。

昔のようにチェーンが少なかった時代は、値引き・割引をする飲食店も少なかったため、安いから仕方がないと思っていただけました。しかし、これだけ店舗が飽和してしまうと、街を歩けば、値引き・割引が当たり前のようになっています。その中で生活をしているお客さまには、それがありがたいことだと感じてもらいにくくなっています。

だからこそ、それ以外のクオリティや接客といった付加要素が重要になってくるのです。お店のグランドオープンや周年祭などのイベント以外で、広い商圏に対して新規のお客さまを集める際は、店内の対応ができるかどうかを見極めて行なわないと、痛いしっぺ返しが待ち受けていることを認識しておきましょう。

お客さまの反応は翌月以降に現れる

これからの集客は、**「地道に長く」**が鉄則になってきます。

そもそも印象に残り、また来店しようと思っていただけるお客さまが発生しない限りは客数が伸びることはありません。それゆえに、接近戦による地道な活動が必要になってきます。

また、気に入っていただけたお客さまが、すぐに再来店いただけるとありがたいのですが、なかなかそうもいきません。1人で気軽に来店いただけるお店であれば反応は短期で現れるのですが、そうでない場合は、まず一緒にお店に行く人を探す必要があります。そして、声がけを行ない、日程を調整して、来店するには早くて2週間、通常だと1カ月ほどの期間がかかります。

ですから、**リピートの効果は通常、翌月以降に現れる**のです。

客数アップは翌月以降のための対策だと考え、地道にご来店いただいた目の前のお客さまを大切にし、翌月の来店につながる声がけ活動をしっかり行なっていきましょう。

その行動が気に入っていただければ、1人のお客さまが2人、3人、4人と連れてきてくださり、接客のバロメーターが人数となって現れてくるはずです。

4 常連客のお連れさまは将来の常連客候補

再来店に隠されたチャンス！

一度ご利用いただけたお客さまに再来店いただけた！　ここには客数を増やすチャンスが眠っています。

①そのお客さまが月をまたいで2度、3度再来店いただき、客数が増える
②そのお客さまの月内の利用頻度が増えて、客数が増える
③そのお客さまが知人を連れて来ていただき、客数が増える

このうち、特に③が大きなチャンスです。

自分がお客さまの立場になって考えた時、失敗した、おいしくなかった、いやな思いをした、そういったお店に自分の知人を連れて行こうとするでしょうか？　再来店いただけたということは、何かしらいい印象を持っていただけたことを意味しています。

また、気に入っていただけたポイントが、ご近所の他のお店より自店が勝っている限り、選択される利用動機として支持され続けます。お客さまは自分が気に入った利用動機を共有するために、知人の方を連れて来てくださるのです。

この時、お客さまはお連れさまにプラスのイメージを説明して、連れて来てくださるでしょう。ということは、**このお連れさまは、再来店につながりやすいお客さま**なのです。

これは、ＰＯＳレジからのデータでも現れています。データで見ると、常連客のお連れさまが次に再来店してくださる可能性は、なんと通常の3倍増！　また、このお客さまは常連化しやすく、次の新規客を連れてきていただける連鎖を生み出してくれます。

そう考えると、今、お店の中にいるお客さまも、客数を増やすチャンスの山だと気づくはずです。

単純な計算でいうと、目の前にいるお客さまのうち、仮に5％の方が新しいお客さまを1人連れて来てくださるとすると、倍の10％の反響が望めます。５％のお客さまがリピー

トする活動を続けるだけでも、

1×（1・1倍×1・1倍×1・1倍×1・1倍×1・1倍×1・1倍×1・1倍×1・1倍×1・1倍×1・1倍×1・1倍）≒2・85倍

1年後には2・85倍の客数になっているということです。

実際には、そうはうまくいかないとしても、しっかりと目の前のお客さまを大事にする活動をしておけば、それだけの可能性が眠っていることを押さえておく必要があります。

そう考えると、お店が暇な日の考え方も変わってくるはずです。暇な時こそリピートを仕掛けるチャンスだと考えると、積極的にお客さまに話をしていくこともできます。

お客さまがスタッフの説明に共感してくだされば、誰かに伝えたり、SNSにクチコミを投稿したりしてくれます。また、次の再来店時には、誰か知人の方を連れて来てくださる可能性は非常に高いといえます。

ぜひ、このプラスのイメージを持ったお連れさまを増やし、その方をさらに再来店につなげる活動をしていきましょう。

5 リピートにつながるお客さま情報だけを集める簡単手法！

お客さま情報集めはこれから必須に！

次々に新しいお店が出てきては消えていく、飲食店飽和の時代。その中で、どんなにおいしい料理を作ったとしても、お客さまは新しい情報をもとに回遊していきます。

SNSやメディアの情報氾濫の動きを食い止めるのは難しいのが実情ですが、ただ指をくわえて待っているだけでは、お店を安定させていくことはできません。

こちらから攻めていくためには、攻めるための情報を集めておく必要があります。

しかし、アンケートを書いていただこうにも、なかなか応じてもらえず、結局すぐにやめてしまうお店も多いのが現状です。

お客さま心理からすると、そもそもお店には食事を楽しみに来ているのであって、アンケートを書きに来ているわけではありません。

また、たまたま出張でこのお店に入っただけで、次回いつ来るかどうかもわからない。そんなお客さまも多く存在すると思います。残念なことに、お店側からするとその見分けはまったくつかない状態です。

さらに、お客さま情報を集めようとすると、ほとんどのお客さまに断られ、スタッフのテンションが下がってしまいがち。その状態を放置していると、お客さまに声がけするのもいやになってしまいます。それに拍車をかけるように、店長がスタッフを叱責して負のスパイラルが回り出し、結果、お店の雰囲気にも大きな影響を及ぼしていきます。

お客さまの情報が集まらないのであれば、集めやすい状態を作っていけばいいのです。

これからの時代、ただお客さまに来ていただくのを待ち続けるだけではなく、お店を定期的に思い出してもらい、利用頻度を上げていただく活動が重要になります。

本項でお伝えするのは、その第一段階のハードルを越えて、いいお客さまとつながる方法です。

リピートにつながる優良客情報だけを労せず集める！

いいお客さまの情報を集める第一歩は、

- **お店にリピートしていただけるお客さま情報だけを集める**
- **お客さま情報を集めるためのハードルを下げる**

この2点を踏まえた活動です。

1つの方法として、どのお店でも実践できる方法をお教えします。

まず、店舗で用意するのは、名刺サイズのスタンプカードです。財布に入れてもかさばらない大きさであることがポイントです。

また、10回、20回と来店を重ねないと還元が受けられないカードは、すぐに捨てられてしまいます。捨てるものにコストをかけるのももったいないので、せっかくですから、活用いただきやすい形式にしておく必要があります。

そこで、ポイント還元は「3回」にしましょう。

最初にお店にご来店いただだい際に、「当店のスタンプカードをお持ちですか？」と確認をすることで、1回目の来店かどうかを確認でき、自店のコンセプトと利用動機をお伝えするオペレーションも組みやすくなります。

そして、この1回目のお客さまには、会計時に1つスタンプを押してカードをお渡しします。

「本日はご来店ありがとうございました。本日分のスタンプを1つ押しておりますので、あと2回ご来店いただきますと、○○の特典がございます。ぜひ、ご活用ください」と、ご案内します。「あと2回くらいなら」と思っていただくのが、捨てられず財布におさめていただくポイントです。

カードの期日は初回から2～3カ月にしておきます。実は、お店からすると、3回ご来店いただいて4回目に還元をする仕組みなので、短期間に4回利用していただくカードとなっています。

4回目に還元する際には、お客さまとつながる情報（お名前、住所、生年月日、メールアドレスなど）をいただきます。そのため、スタッフの簡単な案内だけで、情報を記載していただきやすいのです。

さらに、短期間に4回利用していただいたお客さま情報しか集まらないため、優良顧客情報として活用しやすい形になっています。

ビジネスマンのお客さまは記載を面倒だとおっしゃる方もいますので、その際は「名刺がございましたら、こちらで記載させていただきますので」とご案内することが有効です。ビジネスマンは、名刺を渡すのに抵抗感がないので集めやすく、名刺であれば会社の宴会シーズンのご案内にも活用できます。

また、LINE公式アカウントで来店管理を行なえば、皆さんがお使いのLINEに直接アプローチを仕掛けていくことも可能になります。**お客さまを待つ営業スタイルから、こちらから再来店を促す〝攻め〟の営業スタイルに変えていくことができる**のです。

データで見ると、2回目の再来店には、約50日程度の日数を要し、4回来られたお客さまは、次の再来店まで1カ月弱まで短縮されてきます。さらにリピート率を見ると、約70%のお客さまにリピートしていただけるという結果が現れています。

なお、この登録をさらに簡易に行なうやり方は、本章9項にてご紹介します。

一気に集める落とし穴

顧客情報を集める際に失敗する例で、特に多いものが2点あります。

1つ目は、誰でも集めようとすること。1回しかご来店いただけていないお客さまや、たまにしか来ないお客さま情報を、おかまいなしに集めてしまうことです。

お客さま情報を集めるのは、お店のリピートにつなげていくためのファンづくりが本来の目的です。しかし、この趣旨を理解していないスタッフが集めていくと、やみくもに集める事態を招くことになります。

次の来店を促そうとしても、元の情報精度が悪いと、反響率は半減するどころか、ほぼ効果のない結果に陥ってしまいます。「顧客管理をしていたが、反響がなかったのでやめた」という声をよく聞きますが、それは精度の悪い情報の集めすぎが要因になっていることが多いのです。

２つ目は、一気に集めようとすること。意気込んで情報収集を始めた当初は、どうしても件数を伸ばそうとして、むやみやたらに集めようとしてしまうものです。

ここで必要なのは、**お客さま情報は３年くらいかけて、いい情報だけをじっくり集めていこうとする姿勢**です。

例えば、３０００件のお客さま情報の収集を目指すのであれば、月に１００件弱、１日３件程度、スタッフ１人あたり１日１件ほどになります。

こう考えると、負担がグッと減ってきませんか？　大事なのは、精度のいい情報を集めることです。焦らず、無理せず、反響率が高い情報だけを集めていきましょう。

6

Textbook of sales

客数が少ない日の対策よりも、多い日に集中させる方が得策！

間違った集客で失敗を重ねていませんか？

1章でお伝えしたように、カレンダーに客数を入れていくことで、お店の傾向が曜日ごとに縦に現れてきます。そうすると、どうしてもお客さまの来店が少ない曜日にイベントを仕掛けて、その曜日を穴埋めしようとされる方がいます。心理的には理解できるのですが、それはあくまでお店側の視点で集客を考えているのであって、お客さまの視点で作られたイベントではないことを理解しておく必要があります。

お客さまが少ない曜日には、お客さまにもその曜日を利用しにくい何かしらの理由があると考えた方がいいでしょう。

だとすると、利用しにくい曜日にイベントを仕掛けたとしても、よっぽどの利用動機がない限り、お店に足を運んでくれるのは難しいと思いませんか？

また、もう1つ悪い影響があります。イベントを知ってご来店いただいたお客さまが並ぶことなく、すんなりと入店でき、店内の客数も少なかったとします。その時のお客さまの心理は「このお店イベント日なのに、お客さん少ないな」「インベト日なのにすんなり入れたな」というものでしょう。

この状態を体験したお客さまは、このお店はいつでもすんなり入れるお店として認識し、いつでも行ける＝わざわざ利用しなくてもいいお店と思ってしまいます。

せっかくのイベントで集客を望んだにもかかわらず、悪いイメージを持たれるだけではなく、次の来店を遠ざけることになるのは本末転倒です。

来店の多い曜日に集中させるイベントづくり

お店にとって集客が望める曜日は、お客さまにとっても行動しやすい理由があるからです。だとすれば、**お客さまが多い曜日に集客イベントをする方が、効果が現れる**と思いませんか?

お店を利用いただいているお客さまだけではなく、その地域の傾向が曜日に現れてきますので、お店を利用したことのないお客さまにとっても同様のことがいえます。

しかし、集客が望める曜日にイベントを行なうと、入れないお客さまで溢れてしまい、大きな効果が望めないのではないのかな……そんな風に考えたりしませんか?

そうです。実際、入店できないお客さまで溢れてしまいます。ですが、ここにポイントがあります。溢れたお客さまは、並んでお待ちいただくことになります。お店への印象が悪くないお客さまにとって、一度並んだ経験があると、次回来店時は、「並ぶのだったら、あらかじめ予約しておこう」という心理が働きます。

また、そのお店を利用しない、通りがかりのお客さまにも、「あのお店は人気のお店なんだ」と認識していただけるようになります。

人は、人気のないお店より、人気のあるお店を利用しようと考えます。それは、みんなに評価されている=間違いがないお店として認知していただけるからです。

また、並ばれているお客さまに、「どれくらい待ちますか?」と聞かれるケースも多いと思います。その際に、「今日は他のお店に行きます」と言われることもあるでしょう。

でも、大丈夫です。

そのお客さまには、「今日は混み合っており、ご利用いただくことができなくて申し訳ございません。こちら特典つきのショップカードになっておりますので、次回ぜひ、お使いください。普段は○曜日が入店しやすくなっております。事前にお電話いただければ、確実にお席もご用意させていただきます」といった形で、ご案内します。

空いてる曜日のご案内を入れておくと、並ぶのがいやなお客さまは、空いている曜日に流れていただける場合が多いのです。

また、空いている曜日を案内して、ご来店いただいたお客さまは、お店の混み合っている状況も理解していますので、お得な情報を得たと感じていただけるようになります。

そうすると、「あのお店を利用するのなら、○曜日だったら入店しやすいよ」と、その方がクチコミをしてくれます。お店の評価が高ければ、その噂はすぐに浸透していきますので、少ない曜日の対策を考える前に、徹底的に強い曜日を作り、その曜日に集中して集客をしていきましょう。

7

Textbook of sales

クチコミは店舗から発信できる

食べたものの記憶は残りにくい

お客さまは日常的に、おいしいお店の体験をしています。それゆえ、よほどでない限り、世の中に溢れる情報や、お客さま同士の会話に埋もれてしまい、何を食べたか思い出せないお店となり、再利用から遠ざかるお店になってしまいます。

飲食店の場合、食べ物のおいしさを提供するのが仕事ですが、はたして味の記憶はどれくらい残っていると思いますか？

悲しいかな、**味の記憶は24時間**といわれています。びっくりするくらい短いと思いませんか？　その記憶を長期間保持していただくためには、**情報を記憶に変える**努力をする必要があります。

提供された食事に情報を付加することで、記憶保持が2週間以上保たれる効果がありま す。これによりお店のことを思い出しやすく、再利用につながりやすくなります。

人気のお店は、紹介された人から情報を得たり、事前にお客さまのクチコミを見たりといった形で、情報を得てから食事をすることが少なくありません。

そうすることで、食事はその情報の確認作業となり、よりおいしさを感じやすくなります。その情報と食事の体験が記憶につながり、次のクチコミにつながっていきます。

このお金をかけないお客さまのクチコミは最大の武器であり、信頼のおけるマーケティング連鎖といえます。この、宣伝のコミュニティから宴会やパーティーといった大型の受注につながり、信頼で形成されたお客さまは、プライスで反応するお客さまではなく、クオリティに反応するお客さまへと変わっていきます。

黙っていては伝わらない!

何の情報もなく、ただ食事をするだけでは記憶に残りにくいのは、この脳の記憶保持の関係に起因しています。お客さまは、お連れの方と交わした会話が情報の記憶として保持されてしまい、食べたものの記憶は残らない状況を生んでしまうのです。

気持ちを込めて作った料理が伝わらないなんて、悲しいと思いませんか？

情報化社会の現代においては、情報がおいしさを倍増させ、記憶につなげる役目をはたしているといえます。

お客さまの立場に立って考えてみると、「このメニューは○○がこだわり」という情報がインプットされると、それを感じながら味わおうとするのではないでしょうか。情報をもとに食べるのと、何の事前情報もなく食べるのとでは、その食事に払う価値も変わってきますし、おいしさの感じ方も圧倒的に変わってくるはずです。

情報が売れる時代

誰もが目にする格付けや、クチコミランキング。せっかく食事をするのなら、評価の高いお店に行こうとするのは、ごく当たり前の行動です。観光地や出張先の立地では、それがより顕著に現れます。「外したくない」と考える人の心理の現れが行動になっているのだと思われます。

これだけお店が増え、選択肢が増えてしまうと、お店選びも一苦労です。だからこそ、情報の価値が高まっているのです。


公園で水道をひねると出てくる水と、コンビニで販売している水だと、コンビニで売っている水の方が安全だと思いお金を払って買い求めているのではないでしょうか。これは水を買う行為に「安全」を買うことが加味されているのです。

私たちはマスメディアを通して、「身体を維持するための水は安全なものを口にしよう」ということが刷り込まれています。コンビニで売っている水を選ぶのは、そうした情報による行動だといえます。

ここからもわかるように、今は**情報がお金に変わる時代**なのです。逆に、これを無視して商売を続けていくのは、チャンスの半分を失っているのと同じです。

よくお客さまから「何がおいしいですか?」と尋ねられることがあると思いますが、お客さまは数あるメニューの中から、せっかくだったらこのお店のメニューの中でも自信のあるメニューを食べてみたいと思って質問するのだと理解する必要があります。

それを「何でもおいしいですよ」「まずいものはメニューにしていませんから」などと答えてしまうと、お客さまに「黙って食べて、感じてください！」と言っているのと同じです。

ここでお店一押しのメニューを紹介して、そのおいしさの秘密を伝えられれば、お客さまはその味わいを感じようと期待しながら食べ進めるはずです。その行動が、情報の価値を上げ、このお店を選んでよかったと納得してもらえる確率が高まります。

お鮨屋さんの板前の包丁の入れ方で味覚が大きく変わるように、説明されて食べるのと、ただ出されたものを食べるのでは、明らかに魚の味わいは変わるはずです。それだけ、情報には大きな価値があるのです。

せっかくのおいしさを半減させるか、倍増させるかは店舗の伝える力にかかっています。それが再来店するかどうかを大きく左右します。客数を増やす術は、目の前のお客さまへの伝え方しだいなのです。

8 全スタッフの伝える力を高める強力ツール

誰でも自店のウリを伝えられるショートメッセージカード

伝える力を高める具体的なアイデアを1つ、お伝えしましょう。

ほとんどのお店では、お客さまへの伝え方はスタッフそれぞれに委ねられており、ベテランスタッフは伝えられるけれど、新人は伝えられていない、という状態ではないでしょうか。この残念な状況をいち早く解消し、全員がしっかりと伝えることができるオペレーションを組み上げる必要があります。

そこでおすすめしているのが、図11のような「**ショートメッセージカード**」です。

まずは名刺サイズのカードを用意し、メニュー名と伝えたい内容を書き込んでいきま

図11 クチコミを生むショートメッセージカード

森林の
味わいソフト

放牧されている
ジャージー牛から
生まれるので、そのままで
キャラメル風味がします。

豆腐と湯葉の
ハンバーグ

ふわふわ、ジューシーな
豆腐と鶏ひき肉の
ヘルシーハンバーグ、
根菜のシャキシャキ感が
アクセントです。

大福

海藻を練り込んで
おりますので、
水分が保たれ、
もっちり感が
長時間保持されます。

短い言葉にすることで、スタッフも、
お客さまも覚えやすくなる。
それがお客さまからの発信につながっていく!

す。要は、トークのひな型を作るのです。

作成のポイントは、お客さまに伝わりやすい内容にすることです。文字数が多いと覚えるのも大変ですし、メニューのウリを伝えられたお客さまも覚えることができなくなってしまいます。結果、クチコミにはつながっていきません。

このショートメッセージカードの作成には、大きく2つのルールがあります。

①40文字前後にすること

パソコンでA4文書を打つ時の1行は、およそ40文字です。作成するとわかるのですが、40文字にすると、キーとなる言葉は2つくらいしか入りません。この2つのキーとなる言葉だけを覚えれば、前後の文言は変わっても問題ありません。

短いとスタッフも覚えやすくなり、何より伝えられたお客さまにも覚えてもらいやすく、クチコミの発信につながります。

②擬音・擬態語を入れること

メッセージに擬音・擬態語を入れると、食べた時の想像力を膨らませることができます。もっちり、しっとり、ふわふわ、あつあつ、あっさり、ごろごろ、サラッと……など、ネットで「擬音一覧」と検索すると事例が出てきますので、表現の参考にしてみてください。

メニューのウリをメッセージカードにまとめておくことで、スタッフが覚えて伝える能力も、一気に高まっていきます。

ただ「おいしいですよ」と伝えられるよりも、どうおいしいのか、なぜおいしいのかを伝えられる方が、より記憶に定着し、より魅力的なクチコミに発展していきます。**クチコミは店舗から発信するのが鉄則**です！

このショートメッセージカードをよりよく作成するために、試食会等を開催して、参加したスタッフに、このカードを作成してもらうのもひとつの手です。

まず、料理を考案した人が、この料理のおいしさについて書いた用紙を提示します（この段階では、文字数にこだわらなくても大丈夫です）。そして、これを読んだ後に試食をして、それぞれの感じたこと、伝えたいことをショートメッセージカードに書き込んでいきます。

そうすると、1つのメニューに対して、参加した人数分のショートメッセージカードが作成されます。この中からベストチョイスを行なえば、スタッフ全体を巻き込みながらいいメッセージを作ることができ、覚える効果も高まります。また、自分たちで作り上げた内容を全員で共有していくことで、確実にお店の結束も固まっていきます。

ポイントは一気に渡さないこと

ここまでできれば、あとは運用です！

すべてのメニューのショートメッセージカードが作成されると、つい人数分コピーをして、すべての内容を一気に渡してしまいそうになりますが、それはNGです。一気に渡されてしまうと覚えるのが大変になります。せっかく制作したのに運用されないのでは、本末転倒です。

目安としては、1週間に5～7枚程度です。お店の一押しメニューから渡して、覚えていってもらうと、新人スタッフでも最初の1週間でおおよそのおすすめトークができるようになってきます。なお、最初は見ながらトークしてもOKにすることで、覚える抵抗感もグッと下がります。

ショートメッセージカードの内容を伝えられるようになると、オリジナルのトークも生まれやすくなります。何もない状態で「商品のウリを伝えてね」と言うだけでは、できる子とできない子の差は開く一方ですし、できない子は辞めてしまう可能性が高くなってしまいます。

トークのひな型を用意するだけで、スタッフ全体の底上げに確実につながっていきます。およそ1・5～2カ月ほどで、全員がすべてのメニューを語れる環境を作ることができます。

そして、このショートメッセージカードは一度作成すると使い回しがききます。新たなメニューができた時に追加していくだけですので、これ1つで、大きな販促ツールにも、教育ツールにもなっていきます。

こういった形でお客さまの記憶にとどめていただき、お連れさまを引き連れての再来店につなげる努力を重ねていけば、確実に客数アップの効果が見えてくるはずです。

9 飲食店DXによる集客ツールを活用する

Textbook for sales

スマホによるモバイルオーダーの大きな役割

最近では、皆さんがお持ちのスマホから二次元コードを読み取り、直接オーダー（注文）できる仕組みが、店内・店外問わず活用されるようになってきています。

そして、それがLINEの公式アカウントとつながり、直接お客さまのLINEアカウントにお店からメッセージを送れる仕組みも出てきており、お店の集客に大きく寄与する状況にあります。

このモ**バイルオーダーとLINEが連動する仕組み**を使えば、お客さまは注文をするタイミングでお店の公式アカウントにつながるため、お客さまにとっても、お店側にとっても煩わしい登録作業を一切せずに、飲食店がお客さまへ発信できるツールを手に入れることになります。

RFM分析のポイントを知る

この仕組みは、飲食業界において画期的な進歩だといえます。

よく、顧客管理を行なうにあたり**RFM分析（R：最終来店日、F：一定期間の購買頻度、M：一定期間の購買金額）**の話が出ますが、飲食業界においては、「R＝最終来店日」のみを追いかけていくだけで事足ります。

なぜかというと、多くのお金を使っていただき、何度も通っていただいたお客さまが、最近来られなくなったとします。その場合、引っ越しや、会社が変わるなどして生活環境が変わってしまったのか、他に自店よりもいいお店を見つけたのか、どちらかに起因することが多いのです。

そこで、**「最終来店日（最後にいつ来たか）」を軸に、顧客管理を組み立てていく**ことが大事になってきます。

このデータを取ることにより、再来店の平均期間が長くなっている場合は、お店の接客スキルが落ちてきていないか、同じ商圏内に評判のお店ができていないかを見ていく必要があり、その対策として、品質を上げ、次の再来店を促すメッセージを送ることもできます。

また、システムをうまく使えば、自動通知により、初めてご来援のお客さまには来店時のお礼のメッセージ、30日目には再来店を促すメッセージを送ることもできますし、常連に変わる3～4回目の転換点のお客さまには、来店2週間～3週間目にお得なクーポンをつけてお送りすることも可能になります。

また、5回目以上のお客さまには、特別企画のようなイベントへのご招待や、プレミアムチケットなど特別感の演出にも使えます。

さらに、発信に対する来店状況を反響として効果測定していくこともできるため、うまくいったものを販促イベントとしてカレンダー上に書き残していけば、少々下振れの集客状況であっても取り戻していくことができるでしょう。

DXによって、低コストで、こちらから集客をかけられるようになるのです。

10

インバウンドに対応する

インバウンドに対してやるべきこと

昨今は円安に傾く中、安くて、商品クオリティが高く、おもてなしの接客ができるなど観光資源が多いこの国には、世界中からさらなるインバウンドの流入が見込まれます。

海外旅行者は2018年に3000万人を超え、コロナ禍でいったん急激に落ち込んだものの、2023年には2500万人を超えるところまで回復してきています。政府は2030年には年間6000万人を見込んでおり、これからはインバウンドへの取り組みも重要な要素になります。1人あたりの来日回数が増えるに従い、地方への分散も進み、今や地方都市でも海外の方が多く見られる状況になっています。

お店の対策としては、まず**一点突破の商品**を考えましょう。

「ここに来れば、これを頼む！」というわかりやすさがポイントです。名物、特産品をウリにするのもいいでしょう。さらに、文化をウリにして作り込むのもいいと思います。何を体験できるかを決めることがスタートラインです。

ウリが明確になれば、次はそれを告知する方法です。

近年は、お店のホームページよりも、グーグルマップ上にお店の情報を、写真を中心にわかりやすく掲載することの方が重要になっています。地図上で滞在場所から検索をかけた時に、グーグルがそのまま場所の案内までしてくれます。

また、**グーグルマップ上で「多言語メニューあり」**としておけば、インバウンド客の安心感にもつながります。なお、多言語メニューは、絞り込んだメニューでも大丈夫です。テーブルオーダーやモバイルオーダーのシステムを使えば、多言語化もさらにやりやすくなり、変更も容易となります。

先行の恩恵を受けるためには、**とにかく早期に取り組む**ことをおすすめします。インバウンド対応が遅れているこの業界において、早めに始めたところが口コミを集めやすくなり、さらなる集客につなげていくことができるのです。

Textbook of sales

3章

接客を強化して利益につなげる！「客単価アップ」対策

1 利益が大幅アップ！明日からできる「推奨のマジック」

推奨によるコストアップは食材原価のみ

2章では客数アップ対策についてお話ししてきましたが、次はそれを「推奨」に応用していきます。

実は、この推奨には、利益を大幅に改善してくれる驚くべき効果が隠されています。その秘密を理解するために、推奨によってどれくらい変動利益単価が上がっていくのかを押さえておきましょう。

まずは、推奨を行なわなかった時と、推奨を行なった時のコスト構造を考えてみます。

図12のように、客単価1250円のお食事店があったとします。食材原価32％、ＰＡ人

図12 お客さまへの推奨によって利益は大きく変わる

推奨を行なわなかった時の利益構造

		金額	構成比	客数	4,000	構成比
売上高		5,000,000		客単価	1,250	
変動費合計		3,000,000	60%	変動費単価	750	60%
変動費	商品仕入高（食材原価）	1,600,000	32%			
	雑給（ＰＡ人件費）	900,000	18%			
	その他諸経費合計	500,000	10%			
変動利益（営業利益）		2,000,000	40%	変動利益単価	500	40%
固定費合計		1,500,000	30%			
経常利益		500,000	10%			

↓

推奨を行なった時の利益構造

		金額	構成比	客数	4,000	構成比
売上高		5,400,000		客単価	1,350	
変動費合計		3,080,000	57%	変動費単価	770	57%
変動費	商品仕入高（食材原価）	1,680,000	31%			
	雑給（ＰＡ人件費）	900,000	17%			
	その他諸経費合計	500,000	9%			
変動利益（営業利益）		2,320,000	43%	変動利益単価	580	43%
固定費合計		1,500,000	28%			
経常利益		820,000	15%			

件費18%、諸経費10%で、変動費単価は合計で60%かかり、1人あたりの変動利益単価は40%残ることになります。

このお店では、1人のお客さまから得られる利益は、

1250円×40%＝1人あたりの変動利益単価500円

になります。何も実施しなければ、このお店は1人のお客さまから得られる変動利益単価は500円で変わりません。

では、推奨を行なった時の活動を見ていきましょう。

店長は、スタッフを巻き込み、「プラスドリンク活動」と称して、ドリンク推奨を行ないました。ドリンクは400円、原価20%がかかっています。推奨のかいがあり、4人に1人のお客さまからご注文をいただくことができました。

皆さん、この時の利益はいくらになると思いますか？

推奨活動を行なうために、人を増やすことはしないはずです。今いるスタッフが声がけ

を行なう活動ですので、人件費のアップは発生しません。

諸経費は、水道光熱費が少しかかってきますが、大きく変動するほどのものではありません。実質ゼロとして捉えても問題ないと思います。

そうすると、実際にかかるコストは食材原価のみになります。このお店では、20％のドリンク原価以外の80％は変動利益単価として、プラスで計上しています。

例えば、４人に１人の方が注文されたと仮定し、１人あたりにして計算してみると、

ドリンク４００円÷４人＝１人あたり１００円の客単価アップ

変動利益単価は、

１人客単価１００円アップ×変動利益単価80％＝１人あたり80円の変動利益単価アップ

となります。

これを１１５ページ図12に当てはめて計算していくと、売上は40万円、８％アップしか

していませんが、最終的な経常利益は32万円、64%もアップするのです！

驚きのアップだと思いませんか？　これを実行せずに、ただメニューを出して、注文を聞くだけなんて、みすみすチャンスを逃してしまっていたのと同じです。

ほとんどの店長が数字を売上からしか見ないので、気づいていないだけだと思います。しかし、優秀な店長は数字を操りながら、お客さまに店舗のウリを知っていただき、同時に客単価アップも実現していっています。

また、推奨による声がけを行なうということは、お客さまに近づいていくということです。ここで注文が取れなかったとしても、お客さまは悪い気持ちにならないはずです。今回推奨が取れなくても、会話によってお店との距離感が縮まれば、次の来店につながりやすくなる効果も生まれます。

1品追加・1杯追加が驚く改善を生む

この結果を見ると、皆さん、目から鱗が落ちたのではないでしょうか？　これは、数字から捉えた紛れもない事実なのです。

追加の推奨商品には食材原価しかかからず、あとはすべて利益に変わることが理解できれば、皆さんも推奨行動が起こしやすくなるでしょう。

115ページ図12のように、通常の変動利益単価が40％だったものが、推奨品は60％から、場合によっては80、90％の利益をもたらす商品になるのも夢ではなくなるのです。

まずは、自店のメニューをもう一度見直し、自分たちだったら、どの商品をどのように推奨するかを考えてみてください。

それが決まれば、2章8項のショートメッセージカードを使って、全スタッフが推奨のトークができるように練習しましょう。

そして、もう一点、推奨用のメニューを作ってみてもいいと思います。

トッピングメニューをはじめ、お客さまが頼みやすくするためのジャストサイズメニューやミニメニュー、食事が終わった後のデザートなど、まだまだ可能性を秘めたメニューがたくさん残されていることに気づいてもらえるはずです。

自分たちで考えた内容が、数字として上がってくることを実感できれば、運営が楽しくなってくるはずです。推奨は、やらされ仕事でするものではなく、自分たちで仕掛けていくものなのです。

推奨の効果は、客数アップに匹敵する

もう1つ、推奨には大きな効果が隠れています。

このお店は、115ページ図12のように、もともと1人あたりの利益単価500円を積み上げて、経常利益50万円を叩き出していましたが、推奨を行なうことにより、図12の下図のように32万円の利益が増えました。

これは、最初の推奨を行なわなかった時の状態からすると、

32万円÷500円=640人

なんと、640人の客数アップ効果をもたらしたことになります！

もともと4000人のお客さまだったことを考えると、16％もの客数アップ効果があったことになります。実際に16％の売上アップを実現するのには、半年近くの努力期間を要

すると思いますが、それを当月の店内活動を変えることで、同じ効果を生み出すことができるのです。

つい客数にこだわった活動に陥りがちになりますが、推奨によって同様の効果をもたらすことも可能となります。

数字を理解できれば、**対策のバリエーションを増やす**ことができます。

また、ほとんどの飲食店で季節によって売上が落ち込む時期が発生します。その時期も事前にわかっているはずですから、その月はお客さまに積極的に話しかけて、推奨を行なう期間とします。暇な時期を放置するのではなく、コミュニケーション強化月間として取り組めば、攻めの営業ができるようになります。

推奨のマジックで、スタッフのやる気が大幅にアップ！

推奨は、全スタッフも巻き込んで行なっていきましょう。

例えば、図12を例に取って、スタッフに説明するとします。

店長「ウチのお店は客単価が1250円で、食材原価、みんなの人件費、水道光熱費などの諸経費が60％かかっているから、1人のお客さまから40％の500円の利益をいただいているんだよ」
スタッフ「そうなんですか」
店長「みんなが頑張って400円のドリンクを追加注文いただくと、どうなると思う？」
スタッフ「うーん……」
店長「追加注文を行なっても行なわなくても、みんなの人件費は変わらないし、水道光熱費の追加もほぼ0円だから、食材原価しかかからないよね」
スタッフ「そうですね」
店長「400円のドリンクの原価が20％だとしたら、残った80％が利益になるよね」
スタッフ「なるほど」
店長「ということは、400円×80％で320円の利益が増え、あの2人連れのお客さまの両方から注文が取れたら、なんと640円！　1人500円の利益からすると、1人以上のお客さまが増えたのと同じなんだよ」
スタッフ「え～、すごい！」

店長「じゃあ、今月はお客さまとのコミュニケーション活動も兼ねて、プラスワンの推奨を実施していこうか」

スタッフ「なんだかゲーム感覚ですね」

……といった形で理解してもらえると、ぼんやりと活動していた時よりも、お客さまへの説明に対して説得力が増してきます。

飲食店は、店長1人だけで動かすことはできない業種です。だからこそ、スタッフも数字の意味を理解し、積極的に巻き込み、チーム活動にしていくことが必要です。

ぜひ、数字を使って、ゲーム感覚でオペレーションを作ってみてください。

目標設定を行なう

数字の組み立てができた段階で、具体的に目標設定を行なっていきましょう。

目標設定することで、**その効果がどこまで進捗しているのかを検証**していくことができるようになります。

逆に、漠然と取り組みを行なっていると、途中でやめやすくなってしまいます。目標設定があるからこそ、みんなで取り組んでいる対策がうまくいっているのか、見直しが必要なのかを確認しながら進めていくことができ、さらに進化させて改良していくこともできるのです。

これを繰り返すことで、最後には、自信を持って伝えられる魔法のワードが必ず生まれるようになってきます。

例えば、男性に対して、

「こちらの日本酒はすっきりとしたフルーティな味わいで、日本酒が苦手な女性に対しても非常に飲みやすく、**男性が覚えておくべき逸品です**。お試しになられますか？」

繰り返しトークを磨いていくことで、このようなお客さまに響く魔法のワードが出てくるようになってきます。

お店と商品にフォーカスして、いかに伝えればお客さまがワクワクするかを考え、心に響くトークを生み出していきましょう！

Textbook of sales 2

お客さまに覚えていただくための接近戦

推奨による客単価アップは効果測定しやすい

お客さまに近づいて推奨を行なっているかどうかの効果測定をすると、如実に客単価に現れてきます。

しっかり推奨できたかどうかといった客単価の効果測定は、**その日の売上を客数で割ることで、日別に確認**できます。

また、公開されているシフト表に、その日の客単価を記載していくことで、誰が頑張ってお客さまに推奨したのかも、数字に現れます。

実践できていないスタッフには、オープン前や営業が終わってから、見本を見せながらロールプレイングを行ない、頑張っているスタッフの名前を例に挙げながら、「○○さんの推奨の仕方を注意しながら見ていこうね」といった声がけを行なってください。

この時に大事なことは、**ムラを作らない**ことです。

誰かはやっているけれども、やっていないスタッフもいる状態を放置していくと、水の流れと同じで、高いところから低い方へとモチベーションも流されていき、最後は、誰も実施しない状況に陥ってしまいます。

実行できないスタッフは、個別に何度でもショートメッセージカードを使って模範を見せながら、できるようになるまで繰り返していくことが全体の底上げにつながります。全員でやるからこそ、お客さまに本気度が伝わり、感情が動かされるものになるのです。

推奨のタイミングを知る

推奨が通りやすいタイミングは、1回のお食事の中で4回発生します。この4回のタイミングをうまく活用して、接近戦を行なっていきましょう。

①ファーストオーダー時

ファーストオーダーでは、このお店のコンセプトと何を食べてほしいのか、そして、なぜそれを食べてほしいのかをお伝えしてください。

その際に、「こちらのお店は初めてですか?」と気軽に声がけを行なってみてください。その時に、「何度か来ているよ」と言われた場合は、「大変失礼いたしました」と申し訳なさそうにお伝えし、「当店の名物は、ご存じですか?」と笑顔で尋ねてみてください。

この一言により、「何だったっけ?」と言われた時には、「改めて説明させていただきますね」と言って、再度名物料理をお伝えします。

答えていただいた時は、「覚えていただいてありがとうございます。本日は、いかがしますか?」と注文を促すことができます。

ファーストオーダーで、声がけによるコミュニケーションができていれば、その後の推奨もしやすくなりますので、スタッフとお客さまの距離を縮めるためにも、ファーストオーダー取りの練習をしっかり実施するようにしましょう。

②バッシング時

次は、テーブルの使い終わったお皿や空いたグラスを下げる時の声がけです。

このタイミングには魔法の言葉があります。それは、「お料理いかがでしたか?」です。この言葉は、万能に使えます。食べた料理がわからなかったとしても、お客さまが食べたものの感想を伝えてくれますので、その内容によって、次の推奨がしやすくなります。

「人数も多いですから次はガッツリ系のメニューはいかがですか」

「次は、あっさり（こってり）系のものになさいますか」

「私が好きなものをおすすめさせていただいても、よろしいでしょうか」

など、「いかがでしたか」から始めると会話のキャッチボールになり、次の推奨にスムーズに移行することができます。

③食事が落ち着いた時

食事が落ち着いた段階で、もう一度、スピードメニューの推奨を行なうと、さらにドリンクが出やすくなります。また、スピードメニューは比較的単価の安いものが多いので、お客さまにとっても頼んでもらいやすいメニューでもあります。ぜひ、このタイミングで、「お飲物もご一緒にいかがですか」の声がけもあわせて行なうようにしましょう。

④テーブル内のラストオーダー時

そして最後、テーブル内の締めのオーダーです。この後、詳しくお伝えしますが、こちらは客単価をグッと押し上げる絶好のタイミングです。

以上のように、お客さまとの会話を楽しみながら、推奨を行なって、4回のタイミングの中で、1回でもチャンスをものにできるよう頑張ってみましょう。

テーブルの誰に推奨するかの答えはお客さまが教えてくれる

実は、数名で食事に来られているお客さまに対して、推奨を受け入れていただけるお客さまを見分ける方法があります。

それは、**最初の声がけに隠されています。**

「今日は蒸し暑かったですよね」「当店は初めてですか」「外の雨は大丈夫でしたか」といった一声をかけた時に、誰が、その質問に対して答えてくれるかを確認します。

実は、ここで答えていただけたお客さまは、「私はあなたと会話してもいいですよ」と言ってくださっているのと同じなのです。このお客さまを中心に推奨を行なうようにしていくと、会話もしてもらいやすく、オーダーが通りやすくなります。

この見極めをせずに、ただ漠然と推奨を行なって、誰に会話のベクトルが向いているのかがお客さまに伝わらない場合は、せっかくの推奨が聞き流されてしまう結果に終わってしまいます。

会話を気まずくするか、盛り上げていくかは、最初の声がけにかかっているのです。

3 Textbook of sales

お客さまに喜んでいただきながら客単価をアップする

最初の1杯のスピードが客単価アップの鍵

さらにもう一歩踏み込んで、客単価アップにつながる推奨について、順を追って見ていきましょう。

まずはドリンクからです。

ドリンクは**1杯目を飲み干すスピードによって、その日の杯数が見えてきます**。そのため、1杯目のかけ声は、お店側で実施することをおすすめします。

例えば、

「仕事終わりに冷えたドリンクは身体に染み入りますよね。最初の号令は、私の方でかけさせていただいてもよろしいでしょうか」

「皆さま、本日もお仕事お疲れさまでした。**ググッと飲んでいただいて、**明日への活力にしてください。カンパーイ！　さあ、**グビッとグビッとグビッといってください！**」

「ありがとうございました！　本日はゆっくりと楽しんでくださいね」

といった具合です。

この1杯目のペースが早まることで、杯数に影響が出てきます。皆さんも乾杯のかけ声にチャレンジしてみてください。

ホワイトボードと定番の推奨

次に、フードです。

最初の推奨は、ご来店が初めてかどうかを尋ねて、初めての場合は定番メニューからおすすめし、「**これだけは食べてほしい**」ことを伝えるようにしてください。

再来店のお客さまには、ホワイトボードなどを使った「本日のおすすめ」から推奨を行ないます。その際、限定数や今週、今月だけの商品など、**希少性をしっかり伝える**ようにしてください。

なお、ホワイトボードメニューは文字情報だけのメニューも多いので、どう伝えるかが非常に大切です。できれば、オープン前に、本日出勤するスタッフに、内容やメニューの特徴について、グループライン等を使って共有しておくことをおすすめします。

伝える文言についてはショートメッセージカードのルールと同じく、短い文章で大丈夫です。

さらに、再来店のお客さまには、2回目の推奨時に、「こちらのメニューは召し上がったこと、ありますか？」と尋ねて、そのこだわりを伝えてから、推奨を行なうことをおすすめします。

そして、推奨を行なった商品については、**バッシング時に料理の感想を聞く**ことを忘れずに行ないましょう。これは、食べたものを再度思い出していただき、おいしさの刷り込み効果を生むために大切なトークになります。

さらに、ここで食材や調理工程についてお伝えすることで、記憶により残りやすくなりますので、予備知識も入れてトークに活かしていってください。

数量限定をライブ感で表現

飲食店はスクラッチで食事を作り、温かい状態で食べていただくライブ感を楽しめる場でもあります。そこで、**数量限定メニューは、残り個数を各テーブルに聞こえるように復唱することをおすすめします。**

そして、次の行動として各テーブルを回り、「こちらのメニュー残り○人前になりますが、この季節だけの商品になりますので味わってみませんか?」と希少性の体験共有を促していきます。

また、この時、鳴り物を併用するのもいいと思います。そうすることで、声がけに集中していただけますし、より店内のライブ感を演出していくことができます。

さらに、逆パターンも効果的です。

限定メニューの注文をいただいた時に、「限定メニュー○○、ご注文いただきました」と伝えながら(オーダーエントリーで打ち込んだ場合でも声がけは大切な演出です)、「その他、ご注文はございませんか？」と尋ねて回るのもひとつの手です。

同じメニューの注文が通る方がキッチンの効率も上がりますので、ホールによる声がけでオペレーションが安定します。


また、提供時にもひと工夫が必要になります。

限定メニューは、「限定メニューの◯◯、出来上がりました！ 温かいうちに（新鮮なうちに）お召し上がりください！」などの声がけを行なうことで、商品を運びながら、他のお客さまは「どんな商品なんだろう」と興味を持って注目してくれるようになります。

この繰り返しが活気となり、お客さまの楽しさや心地よさにつながっていきます。活気の作り込みで推奨取りの演出を行なっていきましょう。

テーブルを見るだけではなくお客さまの目を見る

よく、グラスのドリンクの減り具合を見るように言われます。それも大事なのですが、そのついでにお客さまの目を見るようにしてください。

お客さまは用事がある時は、こちらと目を合わせようとし、逆に用事がない時は、目が合いそうになると、目をそらす行動を取ります。つまり、必要とする人にしか目が合わないことが理解できます。

目が合ったお客さまには、笑顔で近づき声がけを行なっていくことで、用事を告げていただけます。お客さまが声がけする前に、近づいていくことができれば、お店の印象をグッと押し上げていくことができます。

また、用事を告げられた時は、そのテーブルの他のお客さまにも、「ほか、皆さん大丈夫でしょうか?」と声がけをすることで、1回でそのテーブルの用事を済ませることができ、オペレーショントラブルを軽減させていくことができます。

推奨による会話の増加が次の来店効果につながる

推奨活動を積極的に行なっていくことは、お客さまとのコミュニケーションに通じていきますので、お客さまとの距離感を縮める効果が生まれます。

ここで店舗の印象をよくできると、次の来店につながりやすくなります。それも、1人ではなく何名かで！　です。

飲食店のありがたいところは、気に入っていただけると、誰かと一緒に来ていただけるケースが多いということです。単純に、1人のお客さまのリピートが2倍、3倍の効果を生み出すことにつながるのです。

客数アップ効果は、リピートとして翌月以降に現れてきます。翌月以降からは客数アップと利益アップのダブルの効果をもたらしてくれるはずです。ぜひ、数字を追いかけながら、効果測定してみてください。

4

セット化はお客さまにも、お店にも超お得！

セット化による利益アップ効果

本章1項でもお伝えした通り、推奨で1品追加注文をいただくことで、利益が大幅にアップします。ただし、単品をメインにした業態では、なかなか推奨を行なうのは難しいと思われる方も多いと思いますが、これは「**セット化**」にも同じことが期待できます。

セット化は、特にアルコール注文が少ない食事メインの業態のお店に有効に働きます。

例えば、１４０・１４１ページ図13のように、客単価８００円の食事メインの業態のお店があったとします。

食材原価30％、ＰＡ人件費20％、諸経費10％で、変動費単価は合計で60％かかり、１人あたりの変動利益単価は40％残ることになります。

このお店では、1人のお客さまから得られる利益は、

800円×40％＝1人あたりの変動利益単価320円

になります。

ここにセット化をしていくことを考えてみましょう。

このお店では、本来300円のミニスイーツを100円お得にして、「＋200円」にし、1000円のセットにして提供することにしました。

セット化をすることにより人が増えるわけではないので、人件費の追加はありませんし、諸経費もほぼ増えません。

そうすると、図13のようにミニスイーツ300円に対して30％の90円がコストとしてかかり、100円値引きして110円が1人あたりの変動利益単価アップにつながります。

3人のお客さまにセットを頼んでいただけると、330円の変動利益単価アップとなり、1人のお客さまが増えたのと同じくらいの効果として上がってきます。

セット化による利益構造①

		金額	構成比	客数		構成比
売上高				客単価	❶ 1,000	
変動費合計				変動費単価	❷ 570	
変動費	商品仕入高（食材原価）	+90円				
	雑給（ＰＡ人件費）	±0円				
	その他諸経費合計	±0円				
変動利益（営業利益）				変動利益単価	❸ 430	
固定費合計						
経常利益						

①300円のミニスイーツ（食材原価率30%）を、100円値引きし1,000円のセットにして販売。
②変動費単価は食材原価の90円だけアップ。
③客単価アップの200円に対して、食材原価以外は利益となり、変動利益単価は110円アップ。

セット化による利益構造②

		金額	構成比	客数		構成比
売上高				客単価	❶ 1,250	
変動費合計				変動費単価	❷ 690	
変動費	商品仕入高（食材原価）	+210円				
	雑給（ＰＡ人件費）	±0円				
	その他諸経費合計	±0円				
変動利益（営業利益）				変動利益単価	❸ 560	
固定費合計						
経常利益						

①400円のスイーツと300円のドリンク（どちらも食材原価率30%）を、250円値引きし1250円のセットにして販売。
②変動費単価は食材原価の210円だけアップ。
③客単価アップの450円に対して、食材原価以外は利益となり、変動利益単価は240円アップ。

図13 セット化で利益アップ

通常メニューの利益構造

		金額	構成比	客数		構成比
売上高				客単価	800	
変動費合計			60%	変動費単価	480	60%
変動費	商品仕入高（食材原価）		30%			
	雑給（ＰＡ人件費）		20%			
	その他諸経費合計		10%			
変動利益（営業利益）			40%	変動利益単価	320	40%
固定費合計						
経常利益						

セットがお客さまに喜んでもらえる理由

セット化はお店にとってだけではなく、お客さまにとっても非常にお得であることをアピールしていきましょう。

例えば、先ほどの図13の事例に対して、通常のスイーツ400円と、さらにドリンク300円（ともに食材原価利率は30％と仮定）をセットにし、700円追加するところ、お客さま還元として450円プラスし、1250円のセット価格にしたとしましょう。食材原価のアップは210円になりますが、変動利益単価は240円上がることになります。

これをメニューで表現してみると、次のようになります。

①通常メニュー800円

②ミニスイーツセット1000円（通常ミニスイーツ300円）

③選べるスイーツ、選べるドリンクセット1250円（通常サイズスイーツ400円、通常ドリンク300円）

この3つの価格を見比べてみると、お客さまにとって③が一番値引き率が高くなり、お得感とボリューム感、満足感も出てきます。同じくお店にとっても、③が一番利益アップにつながることがわかります。

また、メニューに3つ併記しておくと、②③が出やすくなり、休日は特に③が出やすくなります。

セット化は、通常価格よりも注文のハードルを下げ、お客さまにとって注文しやすい状況を作るのです。

お得感の表現が大事

大手企業はこの表現を非常にうまく活用しています。

例えば、入り口のファサードには単品で安く表現し、ロープライス店をアピールします。「手ごねハンバーグ399円〜」とファサードで入店のハードルを下げながら、中に入るとメニューには、「ライス、スープセット＋380円」といった形で、入り口の見せ筋のプライスと、店内でのセットによるプライスの表現により、同じ商品で2プライスの見せ方を多用しています。

さらに、ここにトッピングを重ねて、客単価アップを図るパターンも多くあります。特に、このトッピングメニューは単品メニューと比較しても高単価に設定しています。このトッピングメニューを複数用意しておくことにより、トッピングがついたメニューに誘導するようにしています。

メニューの表現の仕方についても、一番売りたいセットを大きく表現し、単品はあえて小さく表現されているケースが多いです。

大手企業は、この利益の構造を仕組みとして理解しているがゆえに、視覚的にもうまく価格誘導されているように見受けられます。接客で推奨しなくとも、入り口とメニューの作り方で高単価セットに誘導するやり方は見事だと思います。

ぜひ、季節ごとに変わっていく、大手企業のやり方を参考にしてみることをおすすめします。

5

推奨のマジックがあれば、食材原価を思い切ってかけられる

特別メニューはあえてお客さまにお得なものに！

推奨でのプラスワンや、セット化による利益アップについて理解を深めてきましたが、これをもう少し応用する事例をお伝えします。

それは、**あえてコストをかけたメニューや、超お得（超原価）メニューを作ること**です。

これは一見、原価率を押し上げてしまうような気がしますが、そこは運用でカバーしていくことができますので、まずは超お得（超原価）メニューが取れた時の利益構造がどうなるかを考えてみましょう。

例えば図14のように、客単価3000円の居酒屋業態があったとします。食材原価35%、PA人件費25%、諸経費10%で、変動費単価は合計で70%かかり、1人あたりの変動利益単価は30%残ります。

このお店では、1人のお客さまから得られる利益は、

3000円×30%＝1人あたりの変動利益単価900円

です。

こちらのお客さまに特別メニューと称して、原価率55%と原価をかなりかけた500円のメニューを推奨して注文いただけたとしましょう。そうすると、図14下のように、この特別メニューは500円に対して55%の275円がコストとしてかかり、1人あたり225円の変動利益単価アップにつながります。

この特別メニューを4人のお客さまに頼んでいただけると、900円の変動利益単価のアップとなり、お客さまが1人増えたのと同じ効果として上がってきます。

このように特別メニューは大幅にコストをかけることもでき、**お客さまに値引きではな**

図14 超お得（超原価）メニューで利益アップ

通常メニューの利益構造

		金額	構成比	客数		構成比
売上高				客単価	3,000	
変動費合計			70%	変動費単価	2,100	70%
変動費	商品仕入高（食材原価）		35%			
	雑給（ＰＡ人件費）		25%			
	その他諸経費合計		10%			
変動利益（営業利益）			30%	変動利益単価	900	30%
固定費合計						
経常利益						

↓

特別メニューによる利益構造

		金額	構成比	客数		構成比
売上高				客単価	❶ 3,500	
変動費合計				変動費単価	❷ 2,375	
変動費	商品仕入高（食材原価）	+275円				
	雑給（ＰＡ人件費）	±0円				
	その他諸経費合計	±0円				
変動利益（営業利益）				変動利益単価	1,125 ❸	
固定費合計						
経常利益						

①500円の常連様向け特別メニュー（食材原価率55%）を裏メニューとして推奨。
②変動費単価は食材原価の275円だけアップ。
③客単価アップの500円に対して、食材原価以外は利益となり、変動利益単価は225円アップ。

く、値段に対するクオリティの高さで満足をいただけるメニューとなります。

メニューにない特別（裏）メニューで演出

特別感をもう一段上に演出し、お客さまがそのクオリティの高さを理解し、誰かに伝えたくなるオペレーションを考えてみたいと思います。

自分だけに向けられる特別感や、「あなたをお店の常連さまとして大切に思っています」と承認欲求をくすぐることで、お店への愛着を膨らませることができます。

「お客さま、最近よくご利用いただき、ありがとうございます」

「実は、常連のお客さまだけに、お出ししている特別（裏）メニューがあるのですが、ご存じですか？」

「当店の赤身肉を切り落とす際に出る細切れを甘辛く炊き込んだ、まかない丼という商品がございます。お肉の甘さが煮汁に溶け出して、ご飯が進むんですよ！　実は、こちらのメニューは原価が高く、メニューには載せていないのです。もしよろしければ、召し上がってみますか？」

このようにおすすめすると、1人頼めば確実に、そのテーブルの全員が注文してくださいます。あえてメニューに載せずに特別感を演出することで、たとえ材料を切らしてしまっても、クレームになることがありません。

また、**個数を限定することで、原価の大幅アップを抑制**することもできます。

特別感が誰かを連れて来店したくなる

私だけが知っている、メニューに掲載されていない裏メニュー。それが、すごくおいしくて、かつ、クオリティの割に思いのほか安かったとしたら、誰かを連れてきて、自慢したくなりませんか？

裏メニューに満足してくださったお客さまのほとんどは、その後、何人かを連れて来てくれます。それも、一度ではなく、別の人を連れて二度、三度とです！

だからこそ、これは特別なお客さまだけに紹介するメニューなのです。

お連れのお客さまには、「常連さまにしか出していないメニューですので、もしよろしければ会員登録いただき、こちらのカードをご提示いただければお出しすることができます」と案内して、囲い込みを行なっていくのも有効です。

そして、そのお客さまが、また次のお客さまを連れて来てくれます。まさに、**お客さまがお客さまを連れて来る**現象が起きるのです。

また、たまたま、そのメニューを切らしていたとしても、丁重に謝り、「次は、事前にご連絡いただければ、確実にご用意してお待ちしておりますので」と、予約につなげていくことも可能です。

楽しみにしている常連のお客さまほど、入店時に、「裏メニュー、今日はあるかな」と声がけしていただけるようになってきます。浸透度合いを推し測りながら、その会話が聞こえた周りのお客さまも、巻き込んでいくようにしてください。

さらに、この特別（裏）メニューをいくつか追加していけば、「新しい裏メニューができたのですが、召し上がってみますか？」といった形で、飽きさせないオペレーションを組んでいくこともできます。

誰もが目に見えるメニューだけではなく、「あなただけ」を演出する特別（裏）メニューを作って、お客さまとの距離感を一気に縮めてみるのもひとつの手です。

料金受取人払郵便

神田局
承認

2741

差出有効期間
2026年２月28
日まで

郵便はがき

101-8796

511

（受取人）
東京都千代田区
神田神保町１－41

同文舘出版株式会社
愛読者係行

毎度ご愛読をいただき厚く御礼申し上げます。お客様より収集させていただいた個人情報は、出版企画の参考にさせていただきます。厳重に管理し、お客様の承諾を得た範囲を超えて使用いたしません。メールにて新刊案内ご希望の方は、Ｅメールをご記入のうえ、「メール配信希望」の「有」に○印を付けて下さい。

図書目録希望	有	無	メール配信希望	有	無

フリガナ お名前		性別 男・女	年齢 才
ご住所	〒 TEL（　　）　Eメール		
ご職業	1.会社員　2.団体職員　3.公務員　4.自営　5.自由業　6.教師　7.学生 8.主婦　9.その他（　　）		
勤務先分類	1.建設　2.製造　3.小売　4.銀行・各種金融　5.証券　6.保険　7.不動産　8.運輸・倉庫 9.情報・通信　10.サービス　11.官公庁　12.農林水産　13.その他（　　）		
職種	1.労務　2.人事　3.庶務　4.秘書　5.経理　6.調査　7.企画　8.技術 9.生産管理　10.製造　11.宣伝　12.営業販売　13.その他（　　）		

愛読者カード

書名

◆ お買上げいただいた日　　　年　　月　　日頃

◆ お買上げいただいた書店名　（　　　　　　　　）

◆ よく読まれる新聞・雑誌　（　　　　　　　　）

◆ 本書をなにでお知りになりましたか。

1．新聞・雑誌の広告・書評で　（紙・誌名　　　　　　　）
2．書店で見て　3．会社・学校のテキスト　4．人のすすめで
5．図書目録を見て　6．その他（　　　　　　　　）

◆ 本書に対するご意見

◆ ご感想

●内容	良い	普通	不満	その他（　　　）
●価格	安い	普通	高い	その他（　　　）
●装丁	良い	普通	悪い	その他（　　　）

◆ どんなテーマの出版をご希望ですか

<書籍のご注文について>

直接小社にご注文の方はお電話にてお申し込みください。宅急便の代金着払いにて発送いたします。1回のお買い上げ金額が税込2,500円未満の場合は送料は税込500円、税込2,500円以上の場合は送料無料。送料のほかに1回のご注文につき300円の代引手数料がかかります。商品到着時に宅配業者へお支払いください。

同文舘出版　営業部　TEL：03－3294－1801

6 オーダーしやすい状況を作る

声がけとセルフのテーブルオーダーを活用し、客単価アップ！

最低人件費が毎年上げられていく中、人手不足の流れは今後もさらに加速していくことは容易に想像がつきます。一方で、働き方改革により、長時間勤務が難しくなってきており、より多くの人の確保が求められるようになっています。事実、人手不足を放置したまま運用を行なっていると、次のような事象を引き起こしかねません。

お客さまは、一度、店員を呼んでもなかなか来てくれなかった、もしくはまったく来なかったという状況を体験すると、大抵の場合は呼ぶことが煩わしくなり、次のオーダーを頼むのをやめてしまいます。

さらに、「あそこのお店は、呼んでも誰も来ない」というレッテルを貼られて、次の来店につながらない状況を生んでしまいます。まさにダブルの機会損失となり、負のスパイラルにハマってしまうのです。

事実、募集をしても人は入ってこないこの状況において、どこかを簡略化していかないと、お店の運営もままならない状況にきています。

構成比の中で一番人件費が高い状況においては、タッチパネルを使ったテーブルオーダーや、お客さまのスマホを活用したモバイルオーダーの仕組みの導入が有効で、人件費をかけるよりも安く収まります。特にモバイルオーダーは、2章9項でもお伝えした通り、客席側の端末コストがかからないため、小さいお店でも積極的に取り入れるべきです。

なお、こうした端末の導入により、接客時間が減って客単価が落ちるのではないかという心配の声をよく聞きますが、データで見てみると、結果はその真逆に現れています。

お客さまは、自身の食べたい、飲みたいタイミングでオーダーを行なえるため、客単価はアップする傾向にあります。初めて利用するお客さまで10％以上の客単価アップが望め、再来店にお客さまにおいては17％以上の客単価アップの効果が出ています。

7 ドリンクオーダーが増えるとフードも増える

オーダーの仕組みを機械化し、さらに接客力をアップさせる

お客さまとの接点は、オーダーを取る時と提供する時に必ず対になって発生します。テーブルオーダーやモバイルオーダーは、オーダー時の機会を簡略化しますが、提供時にそれを補うことにより、接客の印象づけを行ないながら、お店の特色を伝えることができます。

提供時はオーダー時と違い、提供内容が明確なので、説明を行ないやすい状況だといえます。

ドリンクオーダーから、フードの追加を取る

さらに、提供時に必要なのが、テーブルを見回し、あいているお皿やグラスを下げ、テーブルを常に開ける状況を作っていくことです。そして、**ドリンクオーダーを提供する際に、すかさず早く出せるフードメニューの提案をあわせて行なう**のです。食べるものが少なくなってくると、ドリンクの追加も出にくくなるからです。

最近は「チョイ飲み」スタイルのお店も増えていますが、お店の中ですぐに出せるメニューを最初のページに一覧にしておくことや、名物メニューを小さいサイズ（ショートポーション）にしてメニュー化することで、追加オーダーにつながりやすくします。

接客機会をしっかり活かすことで、少ない人数で効果を倍増させていきましょう。

機械が教えてくれる来店状況

ＬＩＮＥと連動したモバイルオーダーであれば、お客さまが来店し、オーダーをしてい

ただいた段階で、そのお客さまが、初めてのお客さまなのか、再来店であれば、前回いつ何人で来店し、何回目なのかを瞬時に知ることができます。これにより、

「1週間前にも3名でお越しいただいたと思いますが、再度ご来店いただき、ありがとうございます！」

とお伝えすることができ、お客さまとの距離感をグッと縮めることにもつながります。

さらに、このお客さまのドリンクの好みも前回履歴で確認していくこともできるため、こちらから、

「前回はハイボールをよくご注文いただいていましたが、本日も同じもので大丈夫ですか？」

という推奨でお店の接客を印象づける効果もあり、次の来店機会を促す効果を作り込んでいけます。


小さいお店であっても、人件費を抑えながら客単価が上がり、売上も上がり、次の来店を促していけます！　機械に頼れるところは頼り、効率を上げ、サービスを上げていくやり方を積極的に考える時期にきているのです。

8

テーブル内のラストオーダーはチャンスの山！

推奨が一番通りやすいタイミングはテーブル内のラストオーダー！

ほとんどの飲食店で見受けられるのが、最後のチャンスを逃しているお店が非常に多いということです。

実は、**ラストオーダーは、チャンスの山**であることを、スタッフ一同認識しておく必要があります。

テーブル内のラストオーダーは、1人を口説き落とすことがポイントです。1人が注文すると、そのテーブル内の全員が頼む可能性が圧倒的に高まるからです。日本人の気質として、1人が頼むと同調しやすいからです。

しかし、実際はこの効果を逆に働かせているケースが多くあります。

「ラストオーダーになりますが、他に何かご注文はありますか？」

これは、確認作業をしているだけで、何ら推奨は行なっていません。

結果、「結構です」と1人が答えてしまうと、他の人がメニューを見たかったとしても、頼まない人の方に同調してしまいます。


本章2項でもお伝えしましたが、推奨は、通りやすい人に向かって実施すればいいのです。それが、最初に返答してくれたり、声がけをしてくださったお客さまです。このお客さまには「私、あなたと話をしてもいいよ」と合図をいただけているのですから、このお客さまを覚えておき、最後のテーブル内のラストオーダーをこの方に向けて行なってください。

このお客さまが、「じゃあ、何にしようかな？」と考えてくだされば、テーブル内の他のお客さま全員が、メニューを覗き込んでくれるようになり、プラスの効果を広げていくことができます。

テーブル内のラストオーダーが頼まれるか、頼まれないかによって、客単価の大きな差になり、利益単価をグッと押し上げてくれます。一番力を発揮するタイミングだと認識し、しっかり推奨を行なってください。

変化をつけて、こちらに集中させてから声がけ

テーブル内のラストオーダーでは、まずはこちらに集中していただく必要があります。そのために、「お食事はご満足いただけましたか？」という声がけの後、「温かいお茶とおしぼりをお持ちしますね」とお伝えして場の空気を変え、こちらに集中していただきやすい状況を作っていきます。

その後に、最初に声がけをしてくださったお客さまに推奨を行ないます。

「当店は、締めのメニューにも力を入れて作っております。一つひとつ、こだわりをお伝えさせていただきますね。お腹を満たすメニューとしまして……」

「締めのスイーツは女性スタッフが考案した、おいしく、ご満足いただける内容です」

場の切り替えをして聞き入れていただける体制を作れば、お客さまはこちらに集中して話を聞いてくださいます。

また、最後に「あっ!」と驚いていただくために、器にこだわったり、季節の添え物をつけて提供するのもひとつの演出です。

テーブル内のラストオーダーを召し上がっていただいた段階で、「本日のお料理、接客はいかがでしたか?」と尋ねると、今日を振り返っていただけて、記憶定着効果を高めます。「いかがでしたか」の声がけはしっかり行なってください。

最後の印象がよければ、次のチャンスが広がります。テーブル内のラストオーダーはキッチンスタッフ中心に、しっかり考えて作り込みをしてください。

9 Textbook of sales

メニュー単価の上げ方・下げ方はやり方を間違えると大きな痛手に！

現状メニューの単価を触るとお客さまは敏感に反応する

毎年上がる人件費や法定福利費、異常気象で高騰する食材原価など、コストを押し上げる内容は毎年のように押し寄せてきますが、いざ、メニュー単価を上げようとすると二の足を踏み、なかなか上げられないまま利益幅を縮小した経営を行なっているのが多くの飲食店の現状です。

かといって、単純に現状のメニュー価格を上げてしまうと、大きな客離れを起こしてしまう恐れもあります。非常に悩ましい状況だと思います。

お客さまは、普段食べ慣れているメニューの価格を何気なく覚えています。そのため、同じメニューで価格が変わってしまうと、直感的に値上げしたと判断され、周りのお店に流れていってしまいます。

強みが明確にあり、お客さまの利用動機と一致しているお店であれば、諸事情をしっかりとお客さまに伝えていくことで理解もしていただけるのですが、そういったお店は一部です。大多数のお店が値上げがしにくい状況にあるのは、否めない事実でしょう。

説明なき価格改訂は、どんな事情であれ、お客さまにとっては単純な値上げだと捉えられてしまいます。

そこで実施するのが、**現状メニューを変えない価格改訂**の手法です。

価格改訂はまず新しいゾーンを作る

メニュー価格を上げたい場合、今のメニュー価格を変えないで、新しく上げたい価格帯（ゾーン）のメニューを作ります（163ページ図15参照）。

この時大事になるのが、**1品だけ増やすのではなく、複数品をその価格で作り上げること**です。新しい価格帯のゾーンを作るのです。

1品だけの投入だと、なかなかそちらの価格帯に移行していくのは難しくなりますし、そのメニューが人気が出たとしても、その価格帯が支持されているのかの判断もしにくくなります。

また、同時に安い価格帯のメニューを減らしていきます。できれば、新しく作った価格帯と、減らす価格帯のメニュー数が同じか、近い数になるようにした方がいいでしょう。

新しく上げたい価格帯の作り方としては、**最初は限定や特別、季節メニューなどとして作っていきます**。そうすることで、新しいメニューの告知を行なっていきます。メニューとしてはパッと見、今までのメニューも変わらずにありますし、新しい価格帯ができたんだと思うだけに留まります。

その価格帯の推奨を行ないながら、浸透していくかどうかを検証していきましょう。浸透の見極め判断は、最低でも2〜3カ月かけて見ていきます。なぜなら、飲食店のお客さまの反応は翌月以降に現れるからです。お店が気に入らなければ、しばらくの再来店が見込めなくなり、翌月以降に客数減となります。

もし、当月に新しく上げた価格帯に反応したとしても、翌月からは元の価格帯に支持が戻った場合、この地域のお客さまは、新しい価格帯でのメニューを望んでいないと判断で

図15 新しい価格ゾーンを作る

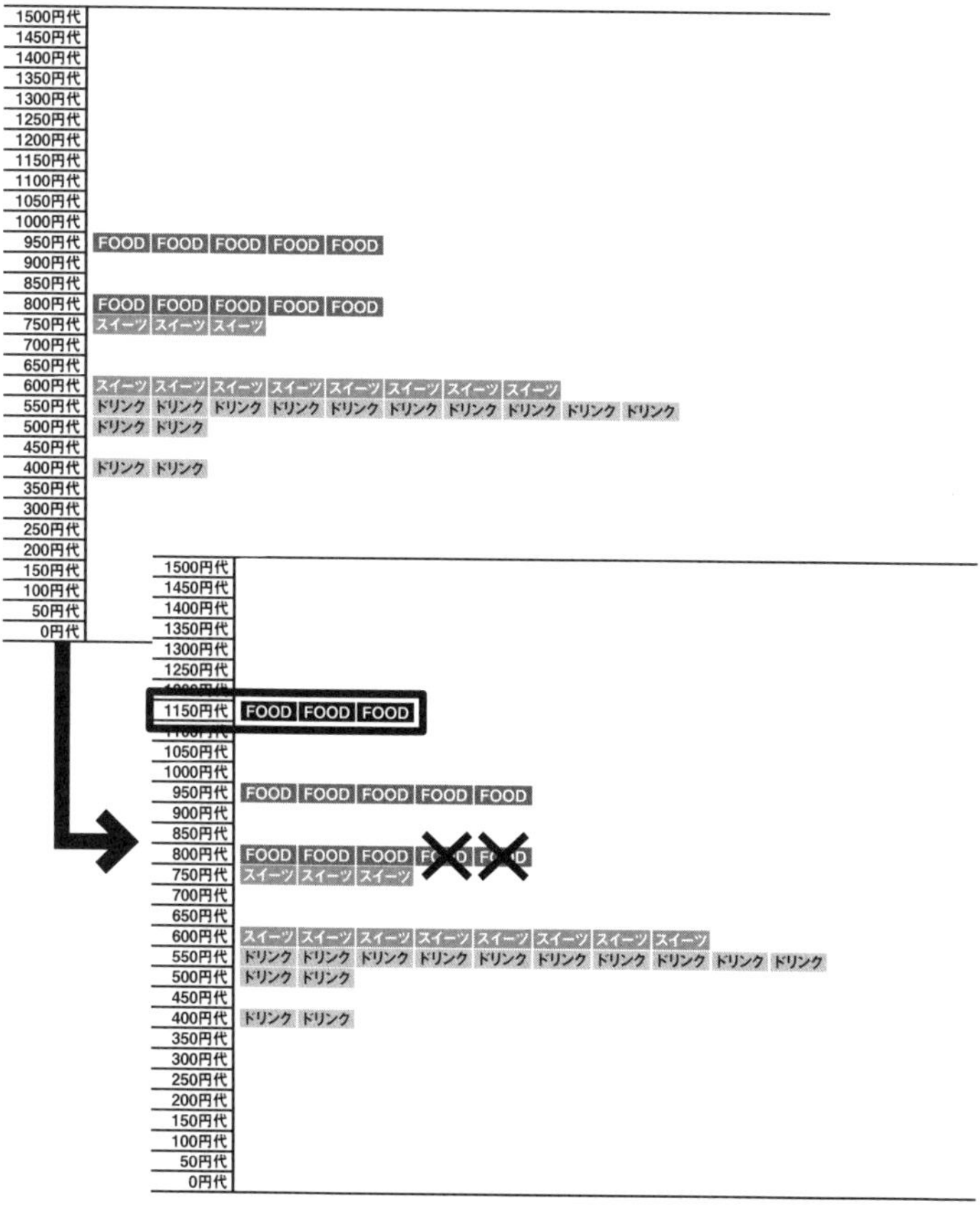

価格を上げる・下げる時は、もとの金額を触らずに、新しい価格ゾーンを作る。
うまくいった際には、元のプライスメニューを減らしていく。

きます。

その場合は、新しい価格帯をやめ、減らした元のメニューを復活させ、地域のお客さまが評価してくださっているプライスゾーンで低価格のメニューを充実させていきます。

うまくいった場合は、定番メニューに格上げを行ない、高い方の価格帯のメニューを増やしていきます。そして、同時に、安い価格帯のメニューをさらに減らしていきます。

あくまでも、元の価格帯メニューの金額を変えたわけではないので、お客さまにとって、値上げを行なったようには映りません。

お客さまの反応を見て、どこのゾーンを減らすかを決める

このやり方が理解できれば、自店がどこまでの価格帯を受け入れていただけるかを知ることもできます。価格帯を上げて受け入れていただけた場合は、次は、クオリティをさらに磨き、さらに高い価格帯で勝負していきます。

その時のやり方も同じです。新しい価格帯を作った段階で、低い価格帯の商品を削っていきます。

逆に、金額を下げる場合は1つ注意点があります。

価格を下げるのは簡単ですが、お客さまは、お店の自信のなさを無意識に感じますし、自信のないお店に集まりにくくなります。迷いが生じた段階で、それはお客さまに一気に浸透していくものです。

新しく金額を下げた価格帯を作る場合は、限定や特別、季節メニューなどとして様子を見ていくところまでは同じなのですが、既存のお客さまがそちらに流れていく場合、その活動は長く続けない方がいいでしょう。長く続けると、お客さまはその価格帯に固定してしまい、次に値上げをする時、元に戻るまでかなり時間を要するからです。

限定や特別、季節メニューとして作り上げた価格帯はやめることも簡単にできますので、悪影響を及ぼす前に見極めを行なうのが必須です。

価格が低い商品も、呼び込み商品として作っていくのは問題ありませんが、安易な値下げに陥らないようにしましょう。

Textbook of sales

4章

お客さまに喜んでいただく！「原価低減」対策

1 簡単だから続けられる！日次決算で問題を放置しない

人件費はシフト組みの段階で確定している

1章でもお話ししましたが、店長が管理しなければいけないのは変動費です。その中でも最も重点的に見ていかないといけないのが、F（食材原価：フードコスト）とL（パートアルバイトの人件費：レイバーコスト）になります。

その1つであるパートアルバイトの人件費は、シフト組みを行なうところから始まります。この段階で売上目標を意識せずに組んでいる店長が、まだまだ多く見られます。

シフト組みの際に一緒に考えないといけないのが、売上客数目標と、パートアルバイトの人件費率です。この段階で、既に大幅に予算オーバーしていると、元も子もない状況に陥ってしまいます。

なお、残念なことに、1店舗から数店規模のお店ほどシフトオーバーの状況を放置しています。

お店で働くパートアルバイトの平均時給を出しておけば、シフトを組んだ段階で、その期間のレイバーコスト（パートアルバイトの人件費）は確定します。

それを、目標売上で割ることにより、適正なのかの判断がすぐにつくようになります。

●パートアルバイトのシフト総時間×平均時給＝その月のレイバーコスト
●その月のレイバーコスト÷売上目標＝人件費率（社員は固定費扱い）

店長が作ったシフトを本部及びオーナーがチェックする場合は、この人件費率が大幅にオーバーしていないかを、まずチェックします。オーバーの理由が明確な場合も、それを口頭ではなく、メールなどで文字として残しておくようにしましょう。

人間は忘れる生き物ですので、後から振り返った際に問題になりそうなことは文字に残しておくことでトラブルを避けるようにしましょう。

次に、売上目標についてです。

予想よりも大幅にオーバーしたような目標を立てると、人件費率もオーバーした状況でシフトを組んでしまいます。**売上目標は、前年実績、直近の状況、予約状況を踏まえて決めるようにしてください。**

イマイチな店長ほど、目標は大きく対策は曖昧なケースが多いです。自分たちの実力を冷静に判断して、計画を立てるようにしていきましょう。

そして、実際に運用を始めるにあたり、確認項目が2点あります。

①シフト計画と実際シフトに差が出ていないか?
②売上客数が縮小した場合の切り上げ指示ができているか?

①のシフトが正しく施行されているかを曖昧にしていくと、無駄に早く入り、無駄にダラダラ残っている、休憩の打刻をせずに休憩を行なっているといったことが起きてきま

す。ちょっと放置してこの状態を許してしまうことで、悪影響は一気に広がってしまいます。

店長にチェックされないとわかると、スタッフ同士の勝手な話し合いで、勝手なシフトインが起こったり、そこから勝手な欠勤も生まれてきます。

シフトは、店舗とスタッフの約束事です。

今日のシフト時間は決まっているのですから、仕事終わり、もしくは、遅くとも翌日に実際シフトと比較すれば、オーバー内容が現れてきます。

大事なのは、「しっかり見ていますよ」という態度を示すことにあります。人は、チェックされないと気がゆるむ傾向がありますので、これは店長の日々の仕事のひとつです。

休憩も、放置してしまうと、取ったのかどうかがわからなくなってしまいます。これは、打刻をしていないことで休憩を取得していないことになってしまい、労働基準法の面からも問題になります。

また、日が経ってしまうと曖昧になり、訂正するのも難しくなってしまいます。無駄の発生について、日々しっかりチェックを行ない、問題があればすぐに周知徹底して改善するようにしていきましょう。

②は、売上客数が計画よりも少なかった時の切り上げ指示です。こちらは、1つ注意しないといけないことがあります。

シフトが公表された段階で、店舗とスタッフとの間で約束が交わされたことになりますので、「今日は暇だから上がっていいよ」と一言命令するだけではすまされません。丁寧に状況を説明し、「今日は上がってもらっても大丈夫かな?」と担当スタッフとの合意を得てから行動を行なうようにしてください。

「シフト組みの段階」「日々」のチェックを行なっておけば、大幅な人件費ロスは起きにくくなります。ルーチンワークとして取り組んでいただければと思います。

食材原価は毎日追いかけていけば、そんなに狂わない

日々仕入れを行なう食材は、売上とのバランスを見て過剰に仕入れていないかどうかの判断が必要です。何も考えずに仕入れを行なっていると、過剰仕入れにつながりやすくな

ります。

この過剰仕入れを行なうことで、さまざまな弊害が生まれます。

食材は傷んでいきますから、まったく使っていない状態で廃棄につながったり、食材の置き場所がなくなることにより、同じ食材がいろいろな場所に置かれて数がわからなくなり、食材があるにもかかわらず再発注したり、傷みを避けるためにオーバーポーションを招いたりと、負の連鎖を引き起こしてしまいます。

そのためにも、日々の意識づけが重要になってきます。

この日々のチェックもいたって簡単です。**毎日の売上と仕入れ先ごとに、その日の仕入れ合計を入力していく表**を作ります。

その表に入力していけば、本日までの売上合計に対して、同じく本日までの仕入れ合計が出てきます。エクセルなどで表を作成しておけば、フードコスト（食材原価）を毎日確認することができます。

また、これは実際に仕入れが発生している店舗で実施するようにしてください。すべての食材を毎日仕入れしているわけではないので、毎日の入力作業は5～6社分しかないことがわかり、決して煩わしい作業ではないことが理解できます。

本部がある場合は、入力したデータを毎日送付し、店舗と本部で過剰仕入れになっていないかの相互チェックを行ないます。


店長は、食材原価率を意識できていることが最低限の役割になります。そのためにも、押さえておかないといけない事柄を5つ、お伝えします。

①置く場所を決める

食材をいろいろなところに置き出すと、特定の人にしか理解できなくなり、忙しい時に探せなかった食材は、傷みが発生し廃棄につながるだけではなく、無駄な発注が生じてしまいます。置き場所を決めて、それぞれの置き場所にラベルなどを使って、どこに何を置いておくかを記載するようにしてください。

また、これは冷蔵庫や冷凍庫も同様です。ドア表面に、庫内の段ごとに何を置いているかを記載しておくことで、無駄を排除するだけではなく発注もしやすくなります。

②目安を決める

置き場所が決まれば、発注目安を決めていきます。フードコストは大きな費用科目ですので、しっかり無駄を排除してコントロールをしていく必要があります。大手企業のように、発注目安が出てくるシステムがあればよいのですが、そんなコストもかけられません。そもそも、レシピを作成する際に、使用量をしっかり決めている店舗も少なく、計算すらできないお店がほとんどです。

それを精度よく実施していくためには、客数あたりの使用量を把握するのが一番簡単で、問題点の発見を早める運営が可能になる方法です。

具体的には、入荷段階で、①で作成した食材名のラベルの横に「❶入荷日、❷入荷数量、❸使い切り日、❹ロス数量、❺入荷日から使い切り日までの客数」の5つの内容を、食材ロット単位で記載します。

これを3~5回転ほど続けていくと、食材ごとに何人の来店で使い切っているのかの平均が見えてきます。平均がわかれば、発注をする際に来店見込みの客数が予想できるので、どれくらいのロットで発注すればよいのかがわかるようになります。

③歩留り、廃棄に注意する

食材は、魚を捌いて骨や内臓を取ったり、お肉の筋切りをしたり、野菜の芯や皮むき根切りなどで、歩留りが必ず出てきます。これも、フードコスト（食材原価）を意識していないと使えるところまで大きくカットしてしまい、結果、無駄なフードコストのアップにつながります。

また、廃棄も同じことがいえます。まずは、日々のフードコストをしっかり抑えて、無駄の排除に心がけてください。

④オーバーポーションに注意する

よかれと思って行なう盛りつけの量を過剰にする行為。このオーバーポーションメニューは一見お客さまに喜ばれるように見えますが、通常の量に戻した瞬間に、お客さまの感覚では量が明らかに減ったと捉えられ、逆効果につながってしまいます。

また、先ほどもお伝えしたように、食材の過剰仕入れを起こした時に、食材の傷みを避けるためによく起こる事象ですが、「どうせ捨てるんだったらサービスしよう」という考えは、お客さまの印象を後々悪くしてしまうので、このやり方は危険を伴うと思っておいてください。お客さまは、ボリュームが一番多い状態を通常サイズだと認識する傾向にありますので、ポーションはしっかり守るようにしましょう。

メニューに掲載している写真はお客さまとの約束事ですので、多すぎても少なすぎてもいけないと認識し、お客さまを裏切らないポーションでの提供をしてください。

⑤ショートポーションに注意する

ショートポーションは食材原価がオーバー気味に推移した時によく起こる事象ですが、食材原価がオーバーした理由は、これからご来店くださるお客さまにはまったく関係のないことです。お客さまにしわ寄せがいくのは、信用を落とすこと間違いなしです。

本部は、フードコストオーバーを注意した時は、必ず、その後の提供でショートポーションを起こしていないかのチェックを行なうようにしてください。

まずは、この5つの項目に注意しながら日々のフードコストに無駄が出ていないかをチェックしてみてください。日々の意識があれば、大幅に無駄を出すこともなくなり、廃棄や歩留り抑制にもつながります。

Textbook of Sales 2

1％のロスの意味を客数で知れば、損失の大きさが理解できる

コストロス＝利益ロス

180・181ページ図16のように客単価1250円の食事メインのお店があったとします。食材原価32％、PA人件費18％、諸経費10％で、変動費単価は合計で60％かかり、1人あたりの変動利益単価は40％残ることになります。

このお店では、1人のお客さまから得られる利益は、

1250円×40％＝1人あたりの変動利益単価500円

です。

もし、このお店で、食材の廃棄やオーバーポーション等で2％のフードコストの悪化と、無駄な人の増員によって2％のレイバーコストの悪化、合計4％のロスを起こしてしまったとしましょう。その時の1人あたりの利益は、

客単価1250円×36％＝1人あたりの利益450円

になってしまいます。
そして、その時の変動利益（営業利益）は、

1人あたりの利益450円×客数4000人＝1800万円

最終に残る経常利益は、固定費の1500万円を引いて30万円になってしまいます。

20万円の経常利益の悪化です。4％ロスすることで、500万円×4％＝20万円のロスになるのですが、フードコストやレイバーコストといった経費科目のロスは、利益を直接目減りさせることになってしまいます。

通常期

		金額	構成比	客数	4,000	構成比
売上高		5,000,000		客単価	1,250	
変動費合計		3,000,000	60%	変動費単価	750	60%
変動費	商品仕入高（食材原価）	1,600,000	32%			
	雑給（ＰＡ人件費）	900,000	18%			
	その他諸経費合計	500,000	10%			
変動利益（営業利益）		2,000,000	40%	変動利益単価	500	40%
固定費合計		1,500,000	30%			
経常利益		500,000	10%			

繁忙期

		金額	構成比	客数	4,400	構成比
売上高		5,500,000		客単価	1,250	
変動費合計		3,520,000	64%	変動費単価	800	64%
変動費	商品仕入高（食材原価）	1,870,000	34%			
	雑給（ＰＡ人件費）	1,100,000	20%			
	その他諸経費合計	550,000	10%			
変動利益（営業利益）		1,980,000	36%	変動利益単価	450	36%
固定費合計		1,500,000	27%			
経常利益		❶ 480,000	9%			

①10%の売上改善があったにもかかわらず、食材原価とPA人件費が4%ロスすることで最後の経常黒字は通常期より悪化。

図16 コストロスは売上ではなく利益のロス

目標

		金額	構成比	客数	4,000	構成比
売上高		5,000,000		客単価	1,250	
変動費合計		3,000,000	60%	変動費単価	750	60%
変動費	商品仕入高（食材原価）	1,600,000	32%			
	雑給（ＰＡ人件費）	900,000	18%			
	その他諸経費合計	500,000	10%			
変動利益（営業利益）		2,000,000	40%	変動利益単価	500	40%
固定費合計		1,500,000	30%			
経常利益		500,000	10%			

結果

		金額	構成比	客数	4,000	構成比
売上高		5,000,000		客単価	1,250	
変動費合計		3,200,000	64%	変動費単価	800	64%
変動費	商品仕入高（食材原価）	1,700,000	34%			
	雑給（ＰＡ人件費）	1,000,000	20%			
	その他諸経費合計	500,000	10%			
変動利益（営業利益）		1,800,000	36%	変動利益単価	❶ 450	36%
固定費合計		1,500,000	30%			
経常利益		❷ 300,000	6%			

①食材原価とPA人件費が4%ロスすることで、1人あたりの利益は50円悪化。
②最終の経常利益は20万円悪化。

仮に20万円の売上をプラスアルファで上げたとしても、

20万円×変動利益（営業利益）率36％＝7万2000円

しか、経常利益が改善されないことがわかります。

経費のロスの恐ろしさは、売上ではなく直接利益が失われることです。だからこそ、経営者は経費コントロールについて、口酸っぱく言い続けるのです。

店舗の数字上の改善は、売上客数改善、客単価改善、コスト改善の3つしかありません。この3つの改善に対して、売上客数改善、客単価改善については、お客さまに対する活動によって改善が見込まれてくるのですが、うまくいくかどうかについては、不確定要素が必ずついてきます。

しかし、経費コントロールによるコスト改善については、シフトの見直しとチェック、仕入れと調理工程調整について行なう作業ですので、**お店がお客さまに関係のないところでコントロールできる数値**でもあります。

言い換えれば、一番効果を上げやすい科目なのです。

1%のロスを客数にすると？

ちなみに、このお店で4%のロスを取り戻すには、何人の客数増が必要になると思いますか？　計算してみましょう。

20万円÷変動利益（営業利益）単価450円≒445人
445人×客単価1250円＝55万6250円

このお店は、元の利益に戻すために、実に445人の客数アップ、55万6250円の売上アップが必要になったのです。

元の売上からすると、約11%（55万6250円÷500万円）の売上アップを図る必要が生まれました。ロスは4%だったにもかかわらず、取り戻しは11%必要になるのです。

冷静に考えてみてください。11%の売上改善はかなり厳しいと思いませんか？

しかし、4%ほどの経費ロスは、少し油断するだけですぐに発生してしまいます。このお店は、ロス率の約3倍の売上改善を行なわないといけなくなったのです。

利益率が悪いお店であれば、ロス率に対して売上は5倍の改善が必要になる店舗も出てきます。

店長は、**ロスを起こす＝ロス率に対して3～5倍の売上改善を行なう必要がある**と認識しておいてください。たかだか数％のロスと安易に考えている店長も多いと思いますが、数字の仕組みを理解すると、そんな悠長なことは言っていられないと気がつくはずです。

忙しい月ほど要注意！

この仕組みを理解しておけば、忙しい月の対応も変わってきます。

お気軽店長は、12月などの繁忙期になると、安直に人を増やしたり、必要だろうと仕入れを過剰に増やすことがよくあります。

180・181ページ図16のように、通常期に経常利益が50万円だったお店が繁忙期を迎えた際、シフトを増やしすぎ、仕入れも過剰に行なった結果4％のロスを起こしてしまうと、最後に残る経常利益は48万円と、通常期より減ってしまいます。

忙しかったにもかかわらず利益を減らしてしまい、悲しいかな、誰も報われない結果となってしまうのです。

これは、数値を理解していないがゆえに安直に行動してしまった結果でもあります。シフト上、人を1人常時増やそうとすると約30万円のコストアップになります。それを実現するためには、

30万円÷変動利益（営業利益）単価500円＝600人

と、月間600人、1日あたり20人の客数増が見込めて初めて、1人入れることができます。これを見込めないのであれば、常時増やすのではなく、忙しくなる時間帯だけ増やすなどの調整を行なう必要があります。

仕入れについても同じことがいえます。食材は傷んでいくということをしっかり押さえておく必要があります。繁忙期に、普段より仕入れを増やすことができる金額は、

売上の増額分50万円×フードコスト32%＝16万円

ということを、意識しながら仕入れを行なっていく必要があります（図16右参照）。

繁忙期ほど、忙しさのあまりシフト組みや仕入れに甘さが出てくるものです。せっかく忙しく頑張ったのであれば、それをしっかり利益につなげて、社内還元につなげる仕組みを作っていく方が、よっぽど有効的だと思いませんか？　繁忙期ほど、コストアップの要注意時期だと思って取り組んでください。

人件費ロスは少しの油断ですぐに発生する

では、通常期についても考えていきましょう。

通常期は、無駄の排除について取り組んでいきます。例えば、パートアルバイトスタッフが、規定のシフト時間が終わっているにもかかわらず、ダラダラと30分残っていたとしましょう。

そういったスタッフが昼、夜に2人ずつ4人現れました。このお店は、どれくらいのロスにつながると思いますか？
時給は1000円だとして考えてみましょう。

1日昼夜4人×0・5時間×時給1000円×30日＝6万円

このお店は6万円の利益（売上ではない）が失われたことになります。図16の店舗なら、

失われた利益6万円÷変動利益（営業利益）単価500円＝120人

120人×客単価1250円＝15万円

となり、このお店は、ちょっとした油断で120人のお客さまに対して、15万円分の料理をタダで提供したのと同じことになるのです。

6万円のロスは、6万円÷500万円＝1・2％のロスになりますが、たかだか1％程度だと思いがちです。しかし、**客数にして考えてみると120人**です。厳密にいうと1・2％コストが余分にかかってしまっているので、取り戻しを行なうのにはさらに多くの客

数が必要になってきます。

また、この状態を放置すると、悪い方向に流されていき、他にもスタッフの勝手な居残りが蔓延していきます。

ですので、店長が数字を理解できた段階で、その数字の計算の仕方をスタッフにも伝えてほしいのです。スタッフに理解してもらえれば、心強い味方になってくれるはずです。そして、スタッフもお店の数字を客数に変えて理解できるようになることで、よりリアリティをもって日々の活動に取り組めるようになるはずです。

あなたは、1・2％のロスと伝えられるのと、120人のお客さまを失ったと伝えられるのでは、どちらがリアルに捉えることができますか？

ロス改善は利益改善！

経費ロスは売上ではなく、利益が直接失われていくことを理解いただけたと思いますが、これは裏を返せば、**経費改善を行なえば、直接利益改善につながる**ということです。

飲食店は昼、夜など食事時にお客さまが集中する傾向にあります。言い換えれば、繁忙時間の前後には必ず閑散時間が存在します。

人のシフトも繁忙時間だけ短時間働きに来てくれればいいのですが、なかなかそうもいかないのが実情です。そのため、作業をずらしていくことで、効率を高めていくことも大事になります。

キッチンでは閑散時間にどれだけ仕込みを行ない、効率的に料理提供ができる状態を作れるか。また、忙しい時間は洗い物を溜めておくことを決め、食器をそれだけ用意しておくなど、1日の仕事を並べ換え、暇で手があくような時間をなくしていきます。

ロス改善のために、まだまだ自店で取りかかれることがあると気づくでしょう。

人件費は大きなコストのひとつですので、ここを数%でも落とすことができれば、それは毎月の利益アップに直結します。

食材原価についても同じことがいえます。廃棄や歩留り、適正ポーションに目を向け、体系化できれば、これも毎月の利益アップにつながります。今までに紹介した事例の他にも改善の方法はありますので、この後、さらに掘り下げていきたいと思います。

3 食材原価は大きく捉えて、管理を簡単にする

食材原価は問題がある時だけ細かくチェックすればOK

毎日の売上は、表計算ソフトを使って累計を計算していきます。仕入れについても同じように、毎日の業者ごとの仕入れ合計金額を入れていくことにより、192・193ページ図17のようにフードコストを毎日表示確認することができます。

まず、この表の①の内容を見ていきます。

このフードコストが大幅にオーバーしていなければ、細かく見ていく必要はありません。毎日のチェックはこれで終了です。

この時、盛りつけがショートポーションになっていないかだけ、しっかりと確認してい

ただければOKです。もし、**この段階で大幅にオーバーしている場合（仕入れ金額にして5日分以上のオーバーが目安）は要注意です。**

（例）日売目標18万円のお店でフードコスト24％目標だった場合
18万円×24％×5日分＝21万6000円

21万6000円以上の過剰仕入れを行なっている場合、ロスを起こす可能性が高くなります。

この場合、どこの業者の仕入れが過剰になっているかを見ていきます。グロサリーや、アルコール類であれば帳尻を合わせることができますが、野菜、肉、魚などの生もの系であれば、廃棄につながる可能性が高いといえます。これは、発生する都度、細かく注意していく必要があります。

しばらくこの状態を放置すると、仕入れを行なった本人も、なぜその仕入れを行なったのかも忘れていってしまいます。そのため、問題は発生した段階で、なぜ、その仕入れを

		②		現金仕入れ（食材）　商品仕入高					②
D社	E社	F社	現金日計	a社	b社	c社	d社	e社	f社
24,975	89,895	223,408	113,669	30,514	24,000	6,550	35,920	16,685	0
1.0%	3.5%	8.6%		1.2%	0.9%	0.3%	1.4%	0.6%	0.0%
		6,374	8,432	432	8,000				
		23,815	8,980				8,980		
12,305	4,320	24,003	14,138	5898				8,240	
4,445	12,052	20,581	1,918	1,918					
			0						
	11,188	37,208	10,945	1,965			8,980		
1,120	9,460	5,379	5,200	5,200					
		7,743	19,646	11,646	8,000				
		13,168	9,489	1,044				8,445	
	11,080	14,223	0						
1,560	4,320	14,781	10,171	1,191			8,980		
		8,252	0						
	11,188	31,083	6,550			6,550			
5,545	26,287	16,798	8,000		8,000				
			10,200	1,220			8,980		
			0						
			0						
			0						
			0						
			0						
			0						
			0						
			0						
			0						
			0						
			0						
			0						
			0						
			0						
			0						
			0						
			0						
			0						
			0						
24,975	89,895	223,408	113,669	30,514	24,000	6,550	35,920	16,685	0

①のフードコストが大幅にオーバーしていなければ、細かく見ていく必要はない。盛りつけがショートポーションになっていないかだけ注意して見る。

①の数値が大幅にオーバーしている場合、②の業者ごとの仕入れを細かく見て、どこの業者の仕入れが過剰に行なわれているのかを確認する。

図17 食材原価は大きく捉える

7月仕入れ一覧表 ※理想原価目標は包装材含め24%以内に収める

仕入形態								買掛金計上（食材）商品仕入高		
業者名		売上	売上累計	仕入合計	仕入累計	仕入累計比率	掛仕入日計	A社	B社	C社
	曜日	2,601,745	2,601,745	685,113	685,113	26.3%	553,611	55,221	128,237	31,875
								2.1%	4.9%	1.2%
7/1	土	253,722	253,722	23,652	23,652	9.3%	15,220	8,846		
7/2	日	251,491	505,213	32,795	56,447	11.2%	23,815			
7/3	月	147,436	652,649	79,791	136,238	20.9%	65,653	2,730	15,931	6,364
7/4	火	121,462	774,111	58,607	194,845	25.2%	56,689	8,501	10,460	650
7/5	水	157,361	931,472	6,206	201,051	21.6%	6,206		6,206	
7/6	木	133,607	1,065,080	79,197	280,248	26.3%	68,252	1,428	10,835	7,593
7/7	金	187,787	1,252,867	45,645	325,893	26.0%	40,445	2,070	22,416	
7/8	土	215,676	1,468,543	36,099	361,992	24.6%	16,453	8,710		
7/9	日	205,057	1,673,600	22,657	384,649	23.0%	13,168			
7/10	月	136,921	1,810,521	54,846	439,495	24.3%	54,846	2,522	18,716	8,305
7/11	火	132,437	1,942,958	43,282	482,777	24.8%	33,111	4,300	8,150	
7/12	水	158,685	2,101,644	11,260	494,037	23.5%	11,260		3,008	
7/13	木	149,528	2,251,171	75,179	569,216	25.3%	68,629	2,662	14,733	8,963
7/14	金	126,824	2,377,995	77,646	646,862	27.2%	69,646	3,234	17,782	
7/15	土	223,750	2,601,745	20,418	667,280	❶ 25.6%	10,218	10,218		
7/16	日	0	2,601,745	0	667,280	25.6%	0			
7/17	月	0	2,601,745	0	667,280	25.6%	0			
7/18	火	0	2,601,745	0	667,280	25.6%	0			
7/19	水	0	2,601,745	0	667,280	25.6%	0			
7/20	木	0	2,601,745	0	667,280	25.6%	0			
7/21	金	0	2,601,745	0	667,280	25.6%	0			
7/22	土	0	2,601,745	0	667,280	25.6%	0			
7/23	日	0	2,601,745	0	667,280	25.6%	0			
7/24	月	0	2,601,745	0	667,280	25.6%	0			
7/25	火	0	2,601,745	0	667,280	25.6%	0			
7/26	水	0	2,601,745	0	667,280	25.6%	0			
7/27	木	0	2,601,745	0	667,280	25.6%	0			
7/28	金	0	2,601,745	0	667,280	25.6%	0			
7/29	土	0	2,601,745	0	667,280	25.6%	0			
7/30	日	0	2,601,745	0	667,280	25.6%	0			
7/31	月	0	2,601,745	0	667,280	25.6%	0			
一括消費税			2,601,745	0	667,280	25.6%	0			
月初棚卸金額							0			
月末棚卸金額							0			
棚卸後月末原価				667,280			553,611	55,221	128,237	31,875

実際原価率	❶ 25.6%
原価オーバー	-1.6%
オーバー金額	(42,861)

行なったのか？　どれくらいの売上を見込んでいたのか？　を確認し、適正仕入れの上限を認識させておく必要があります。フードコストオーバーは発生段階で忘れる前に細かく見ていき、都度注意を促すようにしてください。

期末棚卸以外に棚卸は必要？

財務上、期末棚卸は必要ですが、目標数字内でしっかりとコントロールできているのであれば、通常の棚卸はしなくても問題ないと思います。

棚卸は適正在庫を把握するためのものなので、問題が発生しているようであれば、次の手順で行なってください。

①フードコストが合う月と合わない月が出てくる

この場合、毎月月末に高原価商品、日持ちする商品、アルコール類だけ棚卸を行なうようにしてください。たまたま月末に仕入れが発生したせいで、フードコストオーバーを起こしている可能性がありますので、全数棚卸までする必要はありません。

②毎月微妙に合わない

オーバーポーション、歩留りロス、廃棄ロスを起こしている可能性があります。提供内容のポーションの確認と、調理場のゴミ箱の残飯の確認を行ない、無駄に捨てていないかをチェックしましょう。

もし、そこに問題はなかった場合、食材の持ち帰りを疑う必要も出てきます。すべてにおいて問題を放置すると、悪い影響はすぐに広まってしまうので、原因究明ができるまで、徹底してチェックをするようにしてください。

なお、この場合は、月次での全数棚卸を問題が解決するまで実施するように心がけてください。

③毎月大幅に合わない

この場合は月次ではなく、週次での全数棚卸が必要になります。

また、それに合わせて、ロス・廃棄表を作って、毎日記載させて報告してもらうようにしてください。過剰仕込みによる未使用食材の過剰廃棄を起こしている可能性もあります。さらに、提供内容のポーションの確認と、調理場のゴミ箱の残飯の確認も行なう必要があります。

いずれにしても問題がなければ、運営は簡単に、です！

しっかり目標数字に合った運営ができていれば、細かいチェックもする必要はありません。できるだけ簡単に、運営を継続していっていただきたいと思います。

Textbook of Sales 4

ポジションを固定化して人件費アップになっていませんか？

飲食店は、ズレながら忙しくなる仕事

飲食店の作業は、ポジションごとに忙しい時間がズレながら発生していきます。お客さま来店時は、ホールが忙しくなり、満席になると、追加オーダーが発生するまで忙しさのピークはいったん止まります。

オーダーを取った後は、キッチンが忙しくなります。こちらも満席になり、提供が終わると、次のオーダーが入るか、お客さまが席を立って入れ替わるまで、時間の余裕が生まれてきます。

そして、料理提供されてからは、ホールが追加オーダー、会計、バッシング、セッティング、洗い物と、再び忙しくなります。

このポジションを固定化してしまうと、「忙しい↓暇↓忙しい↓暇……」を繰り返すことになり、非常に非効率な運用になってしまいます。

毎日が忙しく、ほぼ満席状態が続くお店であれば、ポジションを固定化していても、作業が途切れることなく行なわれていくのですが、ほとんどの店舗においては、暇な日と忙しい日が繰り返し発生しているのではないでしょうか？

こういったお店の傾向として、忙しい日に合わせてポジションを固定化させており、暇な日も無駄に人が張りつき、その分だけパートアルバイトの人件費を余分にかけているケースが非常に高いのです。

なお、**人が多くいる店舗ほど、人の動きが悪くなる**ことを自覚しておいてください。

人が多いと自分が動かなくても誰かが動くと考え、お客さまからの呼びかけにも、返事をしない状況を生んでしまいます。当然、お客さまのクレームを引き起こしやすい状況が生まれます。

ポジションの固定化は、流行病や、急病などの突発的な休みが発生した時に、そのポジションをサポートするのが難しい状況を生んでしまいます。お店にとっても、このやり方は危険が伴います。その人の存在意義を過度に高め、わがままな言動を誘発することにつながりかねません。コストを余計にかけながら、サポートしづらい状況にあるというのは避けたいものです。

複数ポジションをズレながら行なうことがコスト抑制に効果あり

飲食店では、**複数ポジションを兼務できる状況**を作っておく必要があります。

忙しい時間帯がポジションによってズレていくと、ズレながら作業を行なうことによって、無駄にレイバーコストをかける必要がなくなってきます。

最低時給は毎年上がっていき、それにも増して、スタッフをなかなか採用できない状況の中、最少シフトで回せる体制づくりと、無駄を排除したレイバーコストの削減の実現が求められています。

各スタッフが複数ポジションをカバーできることによって、効率的にみんなが動けるようになり、カバーし合う気持ちが生まれ、チームワークを作っていきます。

また、1日の中では全体の作業が集中する時間も出てきます。その時のために、優先作業を決めておく必要があります。

例えば、「温かい料理は温かいうちに」と「速やかなドリンク提供」と優先することを決めておけば、料理が出来上がった段階でホールが出払って誰もいない時は、調理担当のキッチンスタッフが持っていくことになります。また、ドリンクが集中する場合は、2人で集中して作り、一気に運び出しを行なうこともできます。

さらに、集中した時のために、早く提供できる料理とドリンクを用意しておき、「混み合っておりますが、こちらのメニューとドリンクはスムーズにお出しできます」と案内を行なって、誘導します。

同じく、優先作業と一緒に、忙しい時は止める作業を決めておくと、よりスムーズに助け合いができるようになります。

準備せずにピークを迎えるのと、準備を想定して行動をするのでは、雲泥の差が生まれてきます。

まずはスタッフ同士で、普段よりピークを想定した対応を話し合い、優先作業、やめる作業を決めておき、全員で共有するようにしていけば、少人数オペレーションの実現もできますので、協力し合いながら作業をこなしてください。

複数ポジションの実現は、1人分の人件費削減につながり、月に30万円近いコスト低減も可能です。

Textbook for sales 5

忙しくても利益につながらないメニュー数と人件費の関係とは？

メニューを増やし続けることによる悪影響

開店当初は、適数だったメニュー数がいつの間にか増え続けてしまい、ゴチャゴチャ感が出てしまっているお店になっていませんか？

感覚的に運営を行なっていると、メニューは増え続けてしまいます。

例えば、いつも利用いただいている常連のお客さまから、「ここの○○は絶品だよね！」なんてうれしい言葉をいただくと、出数が少なくても支持されていると思い、メニューから削ることができずにいる……。

このような場合は、「**ABC分析**」を使って、一定期間のカテゴリーごと（フード、ドリンク、スイーツ、クイックメニュー、締めメニュー）の出数を見ていくことで、冷静に

図18 ABC分析でメニューの出数を分析する

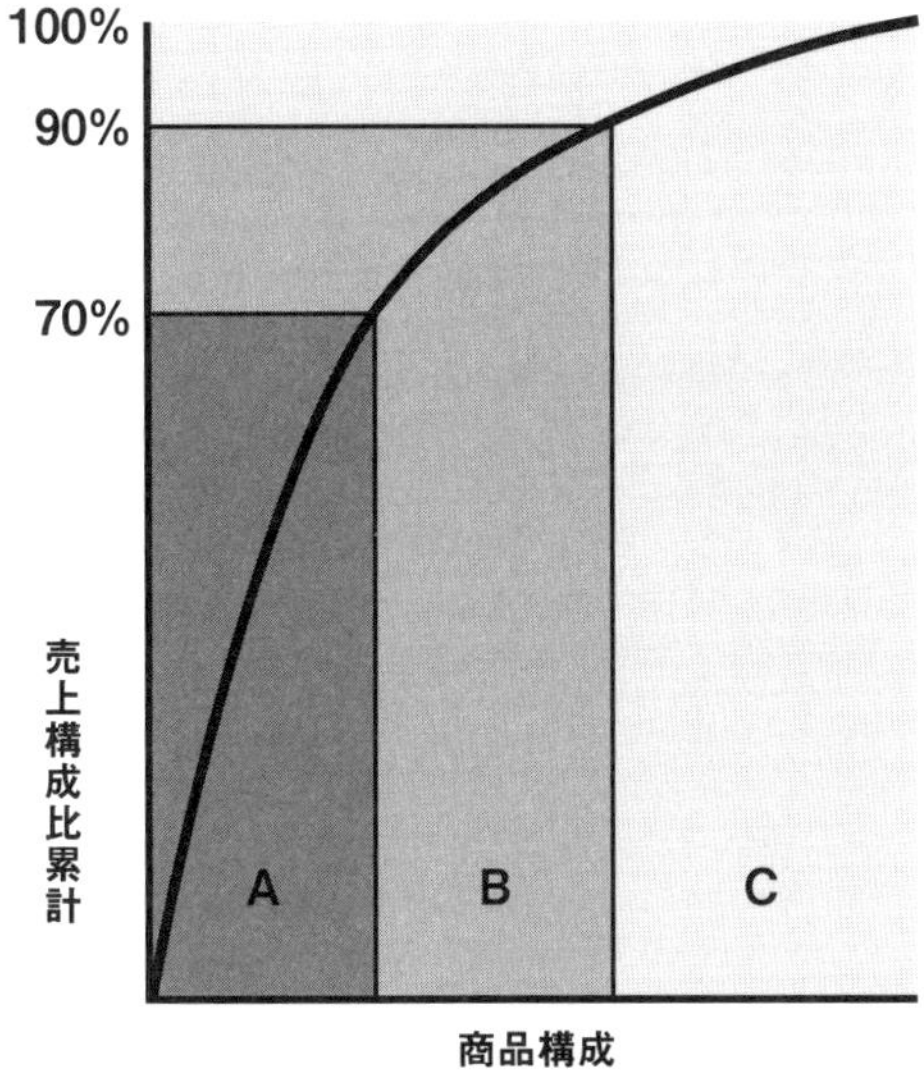

ABC 分析は、出数または商品ごとの売上高の大きい順にメニューを並べて見ていく。
全体の 70%までがAランク商品、70 ～ 90%がテコ入れ商品、90%以上が見直し商品。
極端に出数が多いものは、分析の際に外すと傾向が見えやすくなる。

↓

推奨を行なう商品はおのずとAランクに上がってくる。
店舗の頑張りを映し出す通知表のようなもの

メニューの分析をしていきましょう。

その上で、もう1つ検証が必要になってくるものが、**ほとんど売れていないCゾーンのメニューが本当に支持されていないのかどうかの見極め**です。

中小のお店に至っては、このABC分析が、おすすめを行なっているかどうかの成績表にもなっています。飲食店の場合、しっかりとおすすめを行なっている商品は上位に上がってきます。

先ほどの常連さんの言葉にもあるように、本当はすごくおいしい商品であっても、おすすめができていないがゆえに、埋もれてしまうこともあります。そのため、おすすめ活動ができていないお店は、見極めを行なう前に、おすすめ期間を決めて、消していくメニューにするのかどうかをきちんと決めるようにしてください。

いずれにしても、メニューが増え続けることは、一つひとつの出数が減ることになります。その一方で、ほとんどの場合、メニュー数に応じて食材数も増えていきます。

出数が出ない上での食材数の増加は、確実に食材原価ロスまっしぐらです。キッチン側でもメニュー数増は仕込みが増えていくだけではなく、その分の人件費も余分にかかりますし、出数が少ないメニューを温存させていくことは、スタッフを育てていくのにも弊害になってしまいます。

さらに、ホールでも何をおすすめしたらいいのか戸惑いが生まれ、結果、おすすめがぼやけてしまいます。

よかれと思ってメニューを増やした結果が、悪影響になってしまうのは避けるべきだと思いませんか？「あのお店に行って、○○を食べよう」と言われるお店と、「何となく行ってみよう」と思われるお店では、おのずと来店頻度に差が現れます。

適正メニュー数を決めて、効率を考えながら、「ぜひ、これを食べてください！」とアピールできるお店に育て上げていきましょう。

メニューは増やしたら減らす

では、メニューは、最初に決めたものから変えない方がいいのでしょうか？それも間違いといえます。

世の中が目まぐるしく変わり、新しいお店もどんどん入れ替わっていく中で、定番商品を除いて定期的に変えていく商品も必要になります。お客さまを飽きさせないメニューを心がけることが大切です。

日本には四季を大切にする文化があります。最低でも季節に応じて年4回以上の変化をつけることにより、お客さまの定期的な掘り起こしのチャンスを作っていきましょう。

大事なのは、**メニューを増やした数だけ、減らす勇気を持つ**ことです。

しっかりとお客さまとの会話ができていれば、増やしたものの反応、減らしたものの反応を知ることもできますし、定期的な変化があることを伝えていくこともできます。また、変化があるからこそ、お客さまに伝えるものが定期的に発生し、接客時の会話も組み立てやすくなってきます。

変化によってご来店いただけたお客さまには、新しいメニューも召し上がっていただけますが、一番売れるのは原点の定番メニューです。

定番だけにあぐらをかいてしまうと、商品寿命を短くすることになりますが、変化をつけた新メニューを作ることで、定番メニューをロングランメニューに育てていくことができます。変化をつけながら、メニュー数をコントロールし、無駄の排除に取り組んでいってください。

なお、変化は外に向けて発信していかないことには理解してもらうこともできませんので、新しいメニューを作ったら、あわせてそれを告知することも忘れずに行なっていきましょう。

外から見て、変化が感じられないお店は、変化していないのと同じです。「**考える→作る→告知する**」をセットに活動を続けていってください。

メニュー数を増やさずに変化を演出しよう

少ない数で変化を感じやすいメニューにするには、**定期的に変化をもたらす商品を入れる**ことです。

日、週、月替わり、季節変化、数量限定、特別メニューなどが数品メニューの中にあるだけで、お客さまのワクワク感を引き上げてくれますし、食べたいものが決まっていなくても、その期待感が来店動機につながりやすくなります。

また、変化メニューであれば、オペレーションが複雑な場合でもやめやすいですし、特定時間メニューにすることもできます。

原価がかかりすぎる場合は、限定数をつけてコストアップを回避することもできます。お客さまに飽きずに通っていただくことが目的です。一見大変そうに見える日替わりメニューも2週間サイクルで回していけば14品の開発で済みますし、週替わりについても2カ月サイクルで回していけば8~10品の開発で事足ります。

その中から、人気の高かったものを定番に変えていくこともできます。少ないメニュー数で原価コントロールを行ないやすい状況を作りながら、飽きさせない演出を心がけてください。

自分の想いだけでメニューを作るのも大切ですが、そこに数字の意識がなければ、結局、自分たちの首を絞めているのと同じです。

メニュー開発は、コスト管理が伴っていることを頭に入れて、お客さまに喜んでいただけるメニューづくりを心がけていきましょう。

6 Textbook of sales

ショートポーションメニューで客単価アップを誘導する

ポーションをコントロールする

大人数で行なう外食から、気の合う仲間による少人数の外食へと移行してきている現状の中、メニューのボリュームはこれまで通りでいいのかどうかを検討する必要が出てきています。最近では、大手チェーンを中心に、**通常メニューをサイズダウンしたショートポーションメニュー**が出始めています。

これを、利益構造の視点から見ていきましょう。

２１０・２１１ページ図19左のように、食材原価35％、ＰＡ人件費25％、諸経費10％、変動費単価は合計で70％かかるメニューがあるとします。この場合、１人あたりの変動利益単価は30％残ることになります。

通常の量を800円で提供

		金額	構成比	客数		構成比
売上高				客単価	800	
変動費合計		520	65%	変動費単価	520	65%
変動費	商品仕入高（食材原価）	240	30%			
	雑給（ＰＡ人件費）	200	25%			
	その他諸経費合計	80	10%			
変動利益（営業利益）		280	35%	変動利益単価	280	35%
固定費合計						
経常利益						

通常の1/3の量×3種類をテイスティングセットとして、売価は40%に設定して提供

		金額	構成比	客数		構成比
売上高				客単価	❶ 960	
変動費合計		576	60%	変動費単価	576	60%
変動費	商品仕入高（食材原価）	❷ 240	25%			
	雑給（ＰＡ人件費）	240	25%			
	その他諸経費合計	96	10%			
変動利益（営業利益）		384	40%	変動利益単価	❸ 384	40%
固定費合計						
経常利益						

①通常サイズの1/3の量、金額40%のメニューにした場合の売価は960円になる。
②フードコストは1/3の量を3種類で量は同じになる。
③売価が1.2倍に上がるため、利益も上がる。

図19 ショートポーションメニューで客単価アップ

通常メニューの利益構造

		金額	構成比	客数		構成比
売上高				客単価	800	
変動費合計		560	70%	変動費単価	560	70%
変動費	商品仕入高(食材原価)	280	35%			
	雑給(PA人件費)	200	25%			
	その他諸経費合計	80	10%			
変動利益(営業利益)		240	30%	変動利益単価	240	30%
固定費合計						
経常利益						

↓

通常サイズの半分の量、金額60%のメニューの利益構造

		金額	構成比	客数		構成比
売上高				客単価	❶ 480	
変動費合計		308	64%	変動費単価	308	64%
変動費	商品仕入高(食材原価)	❷ 140	29%			
	雑給(PA人件費)	120	25%			
	その他諸経費合計	48	10%			
変動利益(営業利益)		172	36%	変動利益単価	❸ 172	36%
固定費合計						
経常利益						

①通常サイズの半分の量、金額60%のメニューにした場合の売価は480円になる。
②フードコストは半分の量になるので、140円になる。
③通常サイズの半分の量、金額60%のメニューにすることで、利益は30%から36%に上がり172円になる。

このメニューが８００円だった場合、このメニューから得られる利益は、

８００円×30％＝１人あたりの変動利益単価２４０円

になります。

このメニューでショートポーションメニューを作ってみましょう。通常サイズの半分の量、売価を60％のメニューにしたとします。

その時の売価は、

８００円×60％＝４８０円

になります。フードコストは半分の量になるので、１４０円になります。ＰＡ人件費率と諸経費率は平均として変わらないので、その分利益額が上がり、利益は30％から36％に上がります。

ポーションコントロールは、お客さまにとっての選択幅を広げるだけではなく、お店に

とっても利益を押し上げる効果につながっていきます。両者がお得な関係を作ることができるのです。

また、お客さまにとってもいろいろなメニューをお試しすることができ、より楽しんでいただける環境を作っていけます。

そして、このハーフメニューは、アルコールが伴うテーブルのラストオーダーにも応用できます。最後に少しお腹を満たして帰っていただくための、ハーフのお茶づけメニューやハーフの麺メニュー、女性には、自慢のスイーツを少しずつ盛りつけたスイーツメニューなど、アレンジを効かせたメニューを既存メニューの中からいろいろと生み出すことができるでしょう。

簡単に作れるだけではなく、利益を押し上げる効果もありますので、ぜひ検討してみてはいかがでしょうか。

ショートポーションでイベント感を演出

さあ、この利益構造がわかれば、高額のワインや、種類が多くなかなか知られていない日本酒や焼酎、ウイスキーといった商品でも活用することができます。

210・211ページ図19右のように、食材原価30％、PA人件費25％、諸経費10％で、変動費単価は合計で65％かかるメニューの場合、1人あたりの変動利益単価は35％残ることになります。

このメニューが800円だった場合、このメニューから得られる利益は、

800円×35％＝1人あたりの変動利益単価280円

です。これを3種類のテイスティングセットとして、通常の3分の1の量のものを3種1セットにして紹介したとします。売価はそれぞれ40％設定とします。その時の売価は、

800円×40％＝320円
320円×3種類＝960円

です。フードコストは3分の1を3種類なので、図19右と同じ量、同じ金額240円に

なります。ＰＡ人件費率と諸経費率は平均として変わらないので、その分、利益率は35％から40％となり、利益額は３８４円に上がります。

ポーションコントロールをテイスティングセットで利用することにより、お客さまに喜んでいただきながら、利益の押し上げ効果につながっていきます。

ハードルを越えることで次の注文を誘導できる

実は、このショートポーション戦略をテイスティングセットにするのには、もう１つ大きな意味合いがあります。

高級ワインを、味がわからない状態でボトルで注文するのはなかなかハードルが高いと思います。また、種類が多い日本酒や焼酎、ウイスキーについても、何が自分に合っているのかを探すのは難しいのではないでしょうか。

そこで、ショートポーションメニューを利用した**お試しメニュー**づくりです。

味覚は、比較対象があると、明確にどちらが自分好みなのかを探しやすくなります。

例えば、高級ワインの飲み比べを実施した場合、好みのワインを知ることができ、比較しているだけに、他のワインについても語れるようになります。

語れるようになれば、複数人数で来店いただいた時に、このお客さまが高級ワインについての説明をしていただけ、みんなでボトルを頼んでもらいやすくなります。

一度、お試しでハードルを越えている効果は、大きな効果になって返ってきます。

テイスティング会と称して、もっと多くの高級ワインを用意してのイベントを有料で実施することもできます。種類が多く、味わいがそれぞれ違う日本酒や焼酎でも使えますし、ウイスキーなどもボトルキープにつなげるためのメニューとして、テイスティングを用意しておくこともできます。

知らないもので高額なものは、なかなか注文に至りにくいものですが、それを放置しておいて、わかる人だけ注文いただければいいというのは、見えないチャンスロスを起こしているのと同じです。

せっかくメニューの中にあるのであれば、ハードルを越えてもらいやすいショートポーションのメニューを用意して、裾野を広げる活動をしてみるのもひとつのアイデアです。

★★★
Textbook of sales
7
★★★

お客さま還元メニューと店舗還元メニューで作る平均原価

原価率はバラつくもの

お客さまにとっての原価率の納得感は、メニューのクオリティだけで決まるのではなく、店舗の空間、接客、クレンリネス、手間、器、情報など、総合評価で満足いただけるかにかかっています。

また、サービスに力を入れなくても、商品原価をめいっぱい上げて、ご納得いただくやり方もありますし、その逆もしかりです。

ただし、原価率を決めたからといって、すべてのメニューをその原価率で作らないといけないかというと、そうではありません。

すべてをレシピ原価に合わせて販売価格を決めていくと、価格に大きな差が生まれる可能性もありますし、そうなるとお客さまが客単価を想定しづらいお店になり、利用しにくいお店として捉えられてしまいます。

そもそも食材原価は季節によっても変わってきますし、食材によっては高原価でバランスを崩すものも出てくるでしょう。

お客さまに選んでいただき、利用機会を増やしていくためには、提供する価格帯をある程度合わせておき、それに応じたメニューづくりを行なっていく必要があります。

その上で最初に取り組むのが、**お客さま還元メニューと店舗還元メニューづくり**です。

お客さま還元メニューは楽しさづくり

お客さま還元メニューは、食材原価をかけて、お客さまに喜んでいただく商品です。食材原価を思い切ってかけている分、自信を持って提供できる商品でもあります。

しかし、こればかり注文をされてしまうと原価率は上昇する一方で、お店にとってはあまりうれしくない結果をもたらしてしまいます。

そこでよく使われているのが、本書でもご紹介した限定数をつけるやり方や、常連さん用の裏メニューとして用意しておくやり方です。出数をコントロールすることもできますし、あえて限定によるお得メニューとして打ち出しを行なうことにより、来店時間を早めていただくことにもつながります。

お客さまにとってのお得感のあるメニューがあることによって、全体の印象がよくなるだけではなく、印象に残る＝利用頻度を上げていただく効果もあります。

高原価メニューはロスが出るのを一番避けたい商品でもあります。

これを日替わりの還元メニューとして提供すれば、しっかり売り切っていくこともできます。また、日本酒などの封を開けると劣化が進む商品は、消費期限に合わせて、本日のお試しの逸品としてお客さまへ還元していきながら、体験を広げていただくこともできます。

こうした体験が会話を生み、さらなるリピートにつながっていきます。お客さま還元メニューはお店の宣伝になるということを押さえ、しっかり推奨してください。

まだある驚きのプライス戦略

お客さま還元メニューは、お客さまを引き寄せる「**呼び込み商品**」として使うこともできます。

それは、**あっと驚くプライスの商品**づくりです。スーパーなどでよく使われる「毎日プライス10円」といった商品の応用です。これは戦略的に、通常金額50円前後の商品に10円という驚きのプライスをつけて呼び込むやり方です。

スーパーなどで、「若鶏ささみ10円」というプライスをつけたとして、実際の値引きは数十円です。お客さまにとっては、驚きのプライスでお得感も感じながら、他の商品を買い回っていただけますが、お店からすると数十円の値引きで、買い物動機を作っていることになります。

これは飲食店でも応用がききます。

食材原価50円程度のメニューに10円のプライスをつけることで、呼び込み商品を作ることもできますし、それにより、他の商品もご注文いただければ、実際の値引き数十円で来店動機を与えていることにもなります。客単価3000円のお店で10%のクーポンを出すよりも、よっぽど還元の少ないインベトだといえます。

こういったお財布に優しいメニューがあると、お得感とあいまって、財布のヒモをゆるめてもらえる傾向にあります。

この驚きのプライスメニューをご注文いただいたお客さまには、あわせて追加推奨を行なうと、商品点数を増やしやすくなります。実際に、驚きのプライスメニューを実行した日は、客単価が上がる傾向にありますので、だまされたと思って、推奨に力を入れてみてください。

店舗還元メニューがあってバランスが生まれる

お客さま還元メニューがある一方で、店舗にしっかり利益が残る**店舗還元メニュー**が活きてきます。こちらは、キッチンスタッフとホールスタッフの腕の見せ所のメニューとなります。

キッチンは、食材原価をかけない分、工夫が必要です。その季節の旬の食材は、食材原価を抑えながら、お客さまにとって季節を味わえる商品になりますし、定番食材であっても、見せ方、盛りつけ、風味づけ、常識の味覚を変えたりと、提供方法を工夫することによって、お客さまに納得して喜んでいただくことができます。

店舗還元メニューは出数が出れば、その分だけ食材原価を下げていく効果がありますので、キッチンの創意工夫とホールの情報提供能力によって、楽しみながら作り込んでいただければと思います。

喜んでいただきながら、犠牲にするものとウリにするものを決める

いい食材を使い、プライスも高く設定し、空間のしつらえにもこだわり、お客さまに寄り添った接客を組み立て、器にもこだわった美しい提供を行なう――すべてを完璧にし、客単価を上げていくやり方もありますが、そういったお店は客層も限定され、利用頻度を短期間で回していくのは、実際問題、難しいものです。

やはり、利用頻度を上げていただきながら、お客さまが納得のいく価格を維持するため

には、犠牲にすることも出てきます。お店にとって、この犠牲にするものとウリにするものを明確に決めておくことが非常に大事なポイントです。

例えば、「多くのお客さまに利用していただきたいので、席間が狭く窮屈な思いをさせますが、その分、原価をめいっぱいかけて、お客さまに喜んでいただける価格で提供しています！」などと説明すると、それに共鳴するお客さまが集まってきます。

この犠牲とウリをしっかりお店側が認識しておかないと、犠牲だけがクローズアップされてしまい、マイナスのイメージだけを植えつけてしまうことになりかねません。だからこそ、犠牲も含めて、その理由をしっかり伝えて、お客さまにご理解いただく努力が必要なのです。

8 数字で考えられるスタッフづくり

数字を簡単に理解できれば、スタッフが巻き込まれ、行動が長続きする

これまで、話をしてきたように数字はポイントさえ押さえてしまえば、非常に簡単に理解してもらえるものだと気づいていただけたと思います。

これを、パートアルバイトの皆さんに理解していただくためには、さらに簡単に伝えて、数字に対する嫌悪感をなくすようにしましょう。

ポイントは1つだけ。それは、**1人あたりの変動利益単価（営業利益単価）**の共有です。

客単価2500円のお店で、変動費率が60％のお店の場合、40％が変動利益（営業利益）率となります。

1人あたりの変動利益単価（営業利益単価）は、

客単価2500円×変動利益（営業利益）率40%＝1000円

お客さまから2500円いただいて、1000円が変動利益（営業利益）として残っていくことだけを伝えて共有しておけばOKです。

これを、会話の中におりまぜながら理解してもらうようにします。

「スタッフを1人増やすためには、何人のお客さまが必要だと思う？　うちのお店の変動利益（営業利益）単価は1000円だから、人を1人常駐で増やすためには、月にだいたい30万円くらいコストが増えるよね。これを1人あたりの変動利益（営業利益）単価の1000円で割ると、300人の客数増がないと人は増やせないことになる。売上にすると客単価2500円をかけると75万円の売上アップが必要になるね」

「先月は、売上600万円に対して、2%の食材原価ロスが出たので、12万円のロスが出たことになるね。１人あたりの変動利益（営業利益）単価も同じように2％失われて９５０円になったので、12万円取り戻すためには９５０円で割って、１２７人のお客さまが来店いただいたのに、来ていないのと同じだよね。客単価２５００円だから、これをかけると31万７５００円の売上減と同じ結果ということ。２％のロスでほぼ１日半タダ働きした感じだったね」

といった形で、**すべてを１人あたりの変動利益（営業利益）単価で割ると、人数として理解ができる**ため、より具体的に理解しやすいものになってきます。

スタッフがこれを理解できるようになると、積極的な再来店の声がけにもつながっていきますし、次のような逆提案まで出てくることもあります。

「店長、新しいスタッフも増えていますし、会社の費用で親睦会を開いてくれませんか。お店の変動利益（営業利益）単価は１０００円なので、親睦会費6万円だとしたら、60人のお客さまを増やすことができれば開催できますよね。１日にすると2人なので、１日１組増えれば、まかなえます！　実現できたあかつきには、社長とかけ合ってくれませんか？」

数字が理解できるようになると、行動が具体的になりますので、人材育成もスムーズになっていきます。積極的にスタッフを巻き込んでいきましょう。

数字はスタッフを強くする

今日の目標客数・目標売上が理解できれば、ゲーム感覚でスタッフから対策が生まれてくるようになります。

ここで大事なのが、スタッフからの提案は頭ごなしに否定はせずに、まずは失敗してもいいのでチャレンジさせていくことです。すべてを最初から成功させることなんて無理な話です。

失敗は経験となり、次のアイデアのヒントになってきます。失敗を許容し、チャレンジする風土が生まれてくると、お店の雰囲気がよくなり、お客さまに近づく接客が生まれてきます。

今いるお客さまに、今月もう一度来店していただくためには、どんなことをすればいいいか、お金をかけないでお客さまに喜んでいただけるイベントなどを宿題として集めていくことによって、いろんなアイデアも生まれてきます。

数字はあくまでも、行動を起こすための基準値にしかすぎません。その後の行動が大事なのです。

また、その行動は1人よりも2人、3人と考える頭数が増えれば、その分、面白いものも生まれます。

スタッフも、ただ働くだけでは疲労も溜まりますが、ゲームのようにチャレンジしだすと、疲れ方がまったく変わり、スタッフ自身の成長につながっていきます。

労働力と見るか、一緒に楽しむチームの一員として巻き込んでいくかは、あなたの考え方しだいです。

5章

Textbook of sales

3つの対策で実現する！息の長いお店づくり

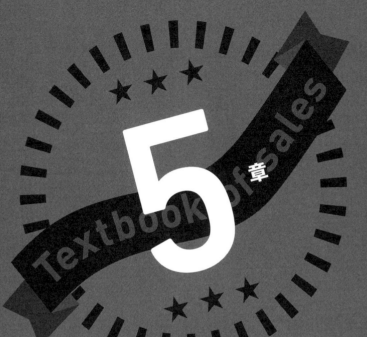

1つの対策だけで取り戻しは不可能

月半ばでの取り戻しは1つの対策だけでは難しい

5章では、これまでお伝えしてきた「これからの飲食店の数字」の実践応用編です。実際の店舗運営は時間の経過とともに対策が変わっていきます。月末までの取り戻しを考える上で、残り日数を考慮すると複合的な対策を行なっていく必要があります。

まずは、事例を通して考えてみましょう。

232・233ページ図20のように、目標客数3000人（1日目標100人）、客単価2000円のお店があったとします。食材原価30％、PA人件費20％、諸経費10％と変動費単価は合計で60％かかり、1人あたりの変動利益単価は40％残ることになります。

このお店では、1人のお客さまから得られる利益は、

2000円×40％＝1人あたりの変動利益単価800円

になります。

目標客数が3000人だったので、初期の変動利益（営業利益）目標は、

800円×3000人＝240万円

になります。


このお店の月半ば、15日段階での状況を見てみましょう。

実績客数は15日終わった段階で1450人、1日目標100人だったので50人ショートしています。実績客単価は1900円と、こちらも100円ショートしています。

客数と客単価がショートしている中、特に調整せずに仕入れとシフト管理をしてしまったため、食材原価が1％悪化し31％に、PA人件費も1％悪化し21％になっています。結果、2％の悪化により、1人あたりの変動利益単価は38％になっています。

【施策①】残り15日間、1日あたり客数5人増員を図る

		金額	構成比	客数	1,575	構成比
売上高		2,992,500		客単価	1,900	
変動費合計		1,855,350	62%	変動費単価	1,178	62%
変動費	商品仕入高(食材原価)	927,675	31%			
	雑給（ＰＡ人件費）	628,425	21%			
	その他諸経費合計	299,250	10%			
変動利益（営業利益）		1,137,150	38%	変動利益単価	722	38%
固定費合計						
経常利益						

【施策②】残り15日間、2%の原価改善（元に戻す）を行なう

		金額	構成比	客数	1,575	構成比
売上高				客単価	1,900	
変動費合計				変動費単価		
変動費	商品仕入高(食材原価)		30%			
	雑給（ＰＡ人件費）		20%			
	その他諸経費合計		10%			
変動利益（営業利益）		59,850		変動利益単価	38	2%
固定費合計						
経常利益						

【施策③】残り15日間で季節のおすすめメニュー580円（原価率30%）の商品のワンモアディッシュ提案を4人に1人（4組に1組）に行なう

		金額	構成比	客数	1,575	構成比
売上高				客単価	145	
変動費合計				変動費単価	43.5	30%
変動費	商品仕入高(食材原価)					
	雑給（ＰＡ人件費）					
	その他諸経費合計					
変動利益（営業利益）		159,863		変動利益単価	101.5	70%
固定費合計						
経常利益						

図20　月半ばでの取り戻しは複数の対策が必要

目標設定

		金額	構成比	客数	3,000	構成比
売上高		6,000,000		客単価	2,000	
変動費合計		3,600,000	60%	変動費単価	1,200	60%
変動費	商品仕入高（食材原価）	1,800,000	30%			
	雑給（ＰＡ人件費）	1,200,000	20%			
	その他諸経費合計	600,000	10%			
変動利益（営業利益）		2,400,000	40%	変動利益単価	800	40%
固定費合計		1,800,000	30%			
経常利益		600,000	10%			

15日経過した実績が客数が1,450人、客単価1,900円、食材原価1%悪化、PA人件費1%悪化

		金額	構成比	客数	1,450	構成比
売上高		2,755,000		客単価	1,900	
変動費合計		1,708,100	62%	変動費単価	1,178	62%
変動費	商品仕入高（食材原価）	854,050	31%			
	雑給（ＰＡ人件費）	578,550	21%			
	その他諸経費合計	275,500	10%			
変動利益（営業利益）		1,046,900	38%	変動利益単価	722	38%
固定費合計						
経常利益						

このお店では、15日経過段階で1人のお客さまから得られる利益は、

1900円×38%＝1人あたりの変動利益単価722円

になっています。

実績客数も1450人だったので、15日経過段階での変動利益（営業利益）は、

722円×1450人＝104万6900円

になります。

さあ、このお店は計画の利益に戻していくためには、残り15日で、

240万円－104万6900円＝135万3100円

を達成する必要があります。

このショートした状況を1つの対策だけで取り戻そうとすると、どれくらいの努力が必要かを見ていきましょう。

まずは客数だけでカバーしようとした場合、1人あたりの利益が722円に落ちている状況ですので、

135万3100円÷722円≒残り15日間で1874人

の集客が必要になります。これを1日に変えると、

1874人÷15日≒1日125人

の集客が必要であり、元の1日100人の集客と比較しても、25人の増員を行なわないといけません。数字から見ても到底改善できる人数ではないと思います。

それでは、客単価だけでカバーしようとした場合はどうでしょう。利益が38%に落ちて

いますので、残り15日間で、

135万3100円÷現在の変動利益率38％≒356万7790円

の売上が必要になります。

残り15日間で計画通り、1日100人の客数が来店したと仮定しても、

356万7900円÷1500人≒2374円

と1900円に落ち込んだ客単価から、1人あたりの客単価を474円上げなければ元に戻すことはできません。これも、不可能に近い改善だと認識できると思います。

それでは、最後に原価低減だけで改善をしようとした場合も見ていきましょう。

同じく残り15日間で計画通り、1日100人の客数が来店したと仮定すると、

135万3100円÷1500人≒1人902円

の利益が必要になります。客単価が1900円になっていますので、

(客単価1900円－1人あたりの利益902円)÷1900円≒かけられる変動費は52・5%

までとなります。現在2%悪化した変動費が62%になっていますので、10%近い改善を図る必要があります。

これも到底、無理な改善ではないでしょうか。月の半ばで、1つの対策だけで取り戻しを行なおうとすると、とてつもなく大きな改善が必要であり、現実的ではないことが理解できたと思います。

それでもあきらめずに、取り戻しを行なうための方策を考える必要があります。それが、「**複合対策**」になります！

3つの対策に分けると小さいチャレンジで取り戻しが可能

改善計画は、できないと思われる数字で組み立てても、「どうせ無理だし」と最初からあきらめてしまいがちです。そのため、実現可能な範囲で計画を立て、実行していくことが大事になってきます。

ここでは、改善を3つの対策に分けて考えていきます。

①常連客への声がけや、店内のお客さまへの月内再利用の呼びかけ、ご近所への告知やポスティングなどによって、1日5人の増員を目指したとします。5人であれば、毎日2組ほど呼び込む活動ができればいいので、無理な数字ではないでしょう。図21のように、

目標1日105人×残り15日＝1575人

1575人×1人あたりの変動利益（営業利益）単価722円＝113万7150円

図21 利益カバーのシミュレーション

月中段階で客単価 1,900 円、食材原価 1% ロス、人件費1%ロス、利益単価が 800 円から 722 円に変わっている状況で、元の営業利益 2,400,000 円をカバーするには、あと 1,353,100 円必要。

↓

残り 15 日間を客単価 1,900 円でカバーするために1日 5 人の増員を行なう。
営業利益 1,137,150 円

↓

残りの日数で計画数値の2%のロス改善を行なう。
営業利益59,850円改善

↓

季節のおすすめメニュー 580 円（原価率 30%）の商品をワンモアディッシュ提案を行なうことにより、4 人に1人（平均4組のうち一組）に食べていただければ、
580 円×利益率 70%（原価率 30%）＝ 406 円
1 人に換算すると 101.5 円、営業利益 159,862.5 円改善

↓

1つの項目で改善が難しいものも、実現可能な細かな改善を複合して行なうことで、元に戻していくことができる!

となり、目標の135万3100円まで、あと21万5950円となります。

②次に取り組んだのが、残り15日間の原価を元の原価に戻す活動です。

2%の悪化分をロスや歩留りに注意し、お店還元メニューの推奨に力を入れることにより、元に戻していったとします。利益改善は、

1900円×客数1575人×2%改善=5万9850円

の改善が見込めます。①の残り21万5950円から5万9850円の改善分を差し引くと、あと15万6100円になります。

③最後に取り組んだのが客単価アップです。

さらに残りの利益15万6100円を客単価でカバーしようとすると、

15万6100円÷1575人≒1人あたり99・1円

の利益単価アップが必要になります。それを、季節のおすすめメニュー580円（原価率30％）の商品のおすすめ提案を行なうことにより、4人に1人（平均4組のうち1組）に食べていただければ、

580円×利益率70％（原価率30％）＝406円

1人あたりに換算すると101・5円となり、利益カバーのシミュレーションが行なえます。

一つひとつの改善で見ると、①客数5人アップ、②原価2％改善（元に戻しただけ）、③客単価1人あたり145円アップ（最初の目標の客単価2000円と比較すると45円上げただけ）と、決して不可能ではない活動といえます。

月中から月末に対しての改善は、複合改善が必須です。そのためにも、即実行していけるように対策案は常に持っておき、もしもの時にすぐに動ける体制を作っておきましょう。

2 客数と客単価の関係

客単価アップは客数とあわせて見ていく

客単価アップは実施後の客数の推移も見ていく必要があります。

ご来店いただいたお客さまが提示金額に納得がいかない場合は、客離れを起こす可能性もありますので、図22に合わせて客単価と売上移動累計の関係を見て、支持されている状況にあるのか、そうではないのかの見極めを行ないながら、価格改訂や推奨を実行していってください。

この表にある売上移動累計は、次のように計算されます。

図22 客単価と売上移動累計の関係

移動累計		横ばい →	下降 ↘	上昇 ↗
客単価	横ばい→	客離れもなく、売上も維持できているため、特色を打ち出すことで、さらに売上を伸ばせるチャンスです。	客離れが起こっています。現行の価格戦略が認められていないか、接客、クリンネスなど店のオペレーションに問題がある可能性があります。また、近くに競合店ができているか、客の動線が変わっている可能性があります。	店舗オペレーションが認められ、固定客がついてきている表れです。特に接客維持が重要になってきます。固定客からの紹介により、さらに広げていくことを考えましょう。ただし、接客の低下が発生している可能性があるため、オペレーションチェックは必須です。
	下降↘	客単価を下げることにより、客数は増えていますが、下げる前の客層と下げた後の客層に変化がある場合、一過性で維持できている可能性があります。	店舗オペレーションに重大な問題があるか、完全に競合店に顧客を奪われている可能性があります。単純に価格を下げる（割引等）前に、自店チェックを行なう必要があります。狙っている客層と違う打ち出し方をしていないかのチェックも必要です。	客単価を下げることにより、客数は増えていますが、下げる前の客層と下げた後の客層に変化がある場合、そのターゲットに客層をシフトしていくのかの検討が必要になります。
	上昇↗	客単価上昇により、客数が減り客離れを起こす可能性があります。顧客が感じる客単価を越えている可能性が高いため、少し下げる調整が必要になります。	顧客から価格が高すぎると認識されています。新しいロープライスゾーンを作り、価格の誘導を図る必要があります。	顧客に非常に認められていますが、客単価はどこをMAXにするかを決めておく必要があります。ただし、接客の質の低下が発生している可能性があるため、オペレーションチェックは必須です。

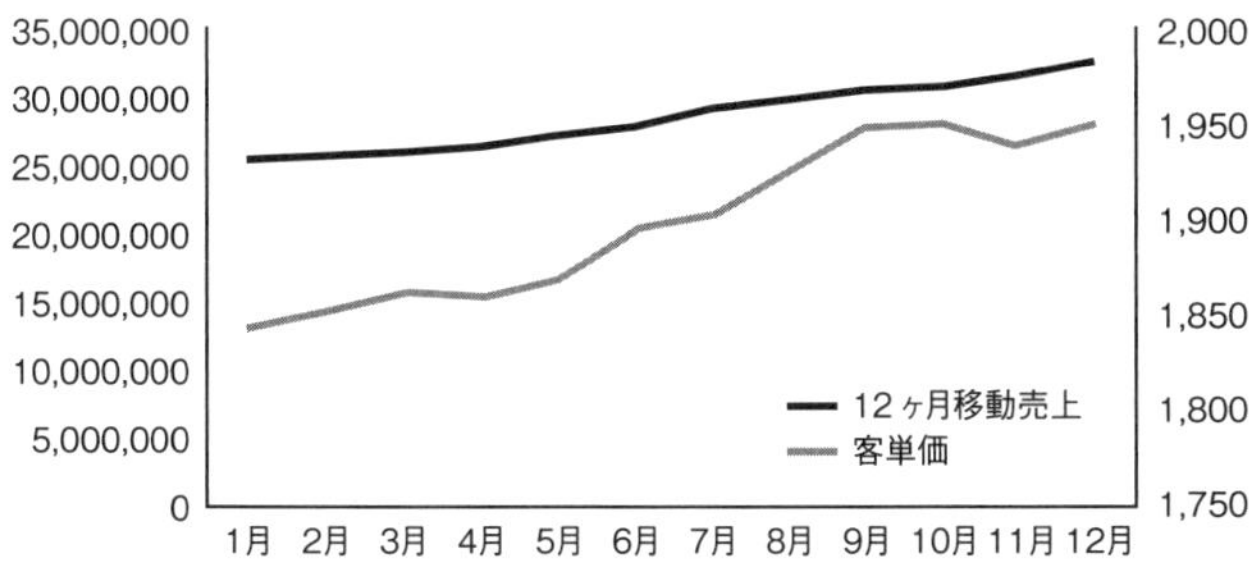

● 1月の売上移動累計は1月から遡って過去1年分の売上の合計
● 2月の売上移動累計は2月から遡って過去1年分の売上の合計
● 3月の売上移動累計は3月から遡って過去1年分の売上の合計

ここに何が現れてくるかというと、飲食店では宴会シーズンのように売上が上がる月もあれば、2月、6月のような閑散期があることがわかります。それを、1年間の合計を見ていくことで、平均値を出していきます。

そのため、このグラフが下がってきているようであれば、季節変動値を越えて売上が下がっていることを意味し、上がっているようであれば、季節変動値を超えて売上が上がってきていることを意味します。

つまり、上がっているか下がっているかで、お店の頑張り具合が一目でわかるようになるのです。

客単価が上がったといって単純に喜んでいると、翌月以降に大きく客数を落とし、売上を落とすことも考えられます。

客単価が上がり、移動累計の折れ線グラフが横ばいになっている時は、客離れを起こす前触れでもありますので、メニュー単価の見直しを行なう必要があります。客単価が上がったにもかかわらず、移動累計の折れ線グラフが下がっている場合は、完全に客離れを起こしていますので、すぐにロープライスメニューの投入とその推奨を行なっていく必要があります。

お客さまは店舗に合った客単価をある程度設定していますので、そこを見極めながらお客さまから支持されているかどうかの判断を常々意識して見ていきましょう。

お客さま還元を忘れずに

２４３ページ図22の客単価が上がり、移動累計も上がっている状況は、お客さまに喜んでいただけ、認められている状況にあるといえます。大きな利益を生み出す状態にありますので、お客さま還元メニューを積極的に投入していき、さらに、お客さまに喜んでいただける活動を続けていきましょう。

お客さまの満足は必ず、新しいお客さまを連れて来てくださるという、さらなる客数増の効果として現れてきますので、両者Ｗｉｎ‐Ｗｉｎの関係構築を心がけてください。

この状態こそが、お店にとって望ましい状態であり、利益があるからこそ、新しいことへの取り組みもできるようになってきます。まさに好スパイラルが動き出す瞬間です。

お店の実力をこの表で確認しながら、対策がうまくいっているかどうかの見極めを怠らないようにしましょう。

3 成功対策は大事にしまっておこう

同じことを繰り返す危険

対策やイベントを行なっていく中で、「これは成功した！」といったものが出てきます。単純に考えると、その成功体験を繰り返して、成果を上げていきたいと思いがちですが、お客さまの反応はもう少し複雑に現れてきます。

うまくいった対策やイベントを繰り返し行なっていると、お客さま心理として、「いつもやっていることだし、今回いかなくても近いうちにやるだろう」といった考えが生まれてくるのです。

結果、反響率はどんどん悪くなってしまいます。

せっかくお金をかけて実行した対策なのに反応が悪くなっていくのは、やる気も削がれていきますし、ましてやせっかくの成功体験を短期間で飽きられ、使えないものにしてしまいます。

現在、大手チェーンも値引き・割引対策の乱用によって、お金をかけても集客ができない状況に陥っています。情報がすぐに手に入る時代だからこそ、同じことを繰り返すことは危険をはらんでいると考えた方がベターだといえます。

成功した対策やイベントが生まれた時はグッと我慢して、その体験を繰り返さず、新しいことにチャレンジするようにしてください。

そして、その成功体験は、年に2回（多くても3回）までと決めて実施することをおすすめします。

季節の恒例行事づくり

取り組みの1年目は、2カ月サイクルで対策やイベントを行なっていったとすると、年6回の内容が出来上がります。

確率からいくと、そのうちの4回は失敗に終わり、ブラッシュアップが必要です。しかし、3割の2回はうまくいき、翌年にも使えるものとして残っていきます。

これを続けていくことで、皆さんの商圏の中の客層の動きが理解できるようになってきます。それにより、翌年以降は5割の成功率に上がっていきます。失敗したもののブラッシュアップや新しい取り組みによって、前年の2回の成功事例、今年度4回のブラッシュアップとチャレンジによって、その翌年は4回の成功体験を保持できるようになっていきます。

ここまでくると、3年目からの対策は組みやすくなります。

最初の1年のチャレンジ期間は生みの苦しみもありますが、その経験は2年目以降から確実に成果として上がってきますので、あきらめずに実行し続けることが大切です。

年に1、2度実施する対策やイベントは年間行事として定着させやすくなり、お客さまに期待を持って待っていただけるようになってきます。

恒例行事になれば、ツールの活用も効率的になりますし、告知についてもお金をそんなにかけなくても、店内営業だけで広げていくこともできます。

ぜひ、恒例行事化して、お客さまのクチコミによって、新しいお客さまの確保を図っていきましょう。

お客さまを巻き込み、ちょっとした変化でブラッシュアップ

この年間行事も、同じことを繰り返していくことで、飽きられてしまうものも出てきてしまい、思ったほどの効果が現れにくくなっていきます。

あなたのお店だけではなく、周りのお店も何らかの対策を行なったり、新しいお店もできたりします。この周辺環境の変化が、ご近所を回遊しているお客さまに飽きられてしまう原因のひとつだといえます。

同じものでも少し変化を加えていき、飽きられない努力をすることが必要になってきます。そして、このブラッシュアップはお客さまを巻き込んで考えることで、思わぬ副産物を生んでくれます。

当事者として参加いただいたお客さまの中には、「もっとこんなふうにしてもらえれば

より楽しめる！」といった意見も隠れています。

それを、「**皆さんからの〝もっとこうしたら、より楽しめちゃう〟アイデアを募集！**」とアンケート形式で集めれば、次回のさらなる変化の演出につながっていきます。

自分も一緒に考えたものが、他のお客さまが喜んでいただける対策やイベントになっていくことで、**確実にそのお客さまは優良顧客になっていただけます。**

対策やイベントは考える頭脳が増えればそれだけ面白いものも生まれやすくなります。

その第一歩として、店長自らが楽しみながらスタッフとお客さまを巻き込んでいきましょう！

4 飽きられないお店にする

定番メニューを磨いていく

新しいお店ができたり、ご近所のお店が目新しいイベントを行なうことによって、お客さまの回遊行動は常に起きています。そういったお客さまに末永くリピートしていただくためには、**飽きられないお店づくり**を行なっていく必要があります。

「あの店に行って、あのメニューを食べよう」と思っていただけるお店は、クチコミにもなりやすく、強烈な来店動機を与えてくれます。

その上でも、まずは一点突破で、お客さまを惹きつけるメニューとして、何を磨き上げていくかを考えましょう。

平均的においしいお店は、記憶に残りにくく、選ばれるお店にはなりにくい状況にあります。

どんな人でも、飲食のジャンルごとに、「ここは外せないお店」を1～2店舗持っています。そこに入らないお店は、たまに行くお店として、二軍の扱いになります。この二軍のお店は、すぐに浮気されてしまいますし、世の中の経済状況が悪化してくると、客足がとたんに遠のいてしまいます。

しかし、**一軍のお店は、外食回数が少なくなっても選ばれるお店として、影響を少なく抑えることができます**。

だからこそ、自慢のメニューの中から、これは食べてほしいと思えるものを、おいしい理由と一緒にお伝えすることで、お客さまのワクワク感を高め、記憶に残りやすい状況を生み出すことができるのです。

定番メニューをご近所のお店と差別化できるところまでしっかり磨き、それができたら、次の定番候補を増やしていきましょう。

具体的には、**平均的に伸ばしていくより、絞り込んで伸ばしていく**ことで、自慢のメニューの幅を広げていきます。

変化をつける

定番メニューがあることで、季節メニューや限定メニューが輝き始めます。定番メニューがおいしいと評価していただけると、きっと他のメニューもおいしいだろうと想像してもらえるようになるからです。

そこで、定番メニューが定着してきたら、**変化のあるメニューを定期的に投入していくことが大事になります。**

手軽に楽しめるグルメ情報は溢れており、新しいお店探しも、スマホで気軽にできるようになっているからこそ、お客さまを飽きさせないメニューの投入が必要なのです。

定番メニューを息の長いロングラン商品に育て上げるためにも、定期的に変化をつけた新しいメニューを投入していきましょう。

最後に――飲食店だからこそ作れる人のつながり

数字は対策を行なうために、今の状況を知るバロメーターであることが理解できたことと思います。事後の「ダメだったね」や「目標を超えられてよかった」などの結果だけで見ていくのでは、決して活用しているとはいえないのです。

数字は、月の途中段階で状況を理解し、月末までにどのように改善を図り、目標をクリアしていくかを決めるための道具です。その道具を使いこなすためには、お客さまを惹きつけるアイデアを繰り出していく必要があります。

月末までの対策は急を要しますので、問題が起きてから考えていたのでは、取り戻していくのは難しくなります。だからこそ、指をくわえて待つのではなく、どんどん考え、チャレンジをしていってください。

そのために、客数が落ちた時の対策、客単価が落ちた時の対策、コストアップを起こした時の対策を事前に考えておき、問題が起きた時にすぐに繰り出せるようにしておきましょう。そのような時に、本書でお伝えした内容を実行し、検証していただければ幸いです。

お店にあるものは、メニュー以外にも、人やサービス、器、調度品、絵画、観葉植物、空間、書籍、音楽すべてが変化を表すツールとして活用していくことができます。

ネットの世界では、顔が見えない分、誹謗中傷がクローズアップされますが、リアルに顔が見えるお店では、いい話題が起こりやすく、それがお店の空気感を作り出し、お客さまの利用動機を生み出してくれます。

お店は、料理だけではなく、人も含めお店にあるものすべてが、他店との差別化の対象です。その中でも、人は大切な集客装置だといえます。

チェーンと違い、人に重きを置いた中小店舗は、大きな武器を手にしているのと同じです。人間関係が希薄になってきている世の中だからこそ、癒される場、元気をもらえる場が大切になっています。飲食店はその担い手でもあります。

皆さんの力でおいしい料理を通して、人とのつながりを強固にし、リピート・クチコミしていただける優良顧客の和を、お店を中心に作り上げていってください。

本書の最後に、付録として「現場で使える！　飲食店の数字問題集」を設けました。ぜひ、ご自身の数字力アップやスタッフ育成などにご活用ください。

付録

現場で使える!
飲食店の
数字問題集

お客さま1人あたりの利益単価に置き換えて考えていくと、電卓だけで簡単にお店の状況がわかってきます。実際に例題を解きながら、自店の計数管理に活かしていってください。客数が増え、売上が上がった理由をしっかり説明できるスーパー店長を目指しましょう!

例題 1

先月売上 450 万円、客単価 3,000 円で、来店客数 1,500 人だった飲食店。原価率 34%、人件費率 27%、その他店舗諸経費合計が 14%だったと仮定します。
そして、家賃やリース代などの固定費は 120 万円かかると仮定します。先月の利益はどうなっていたしょうか？

Hint このお店の変動費は合計で 75%かかっているということは、客単価 3,000 円に対して、同じく 1 人あたりの変動費単価が 75%かかっていたことになり、1 人あたりの利益単価は 25%だったことになります。

【解答】普通の店長

		金額	構成比	客数	1,500	構成比
売上高		4,500,000		客単価	3,000	
変動費合計		3,375,000	75%	変動費単価	① 2,250	75%
変動費	商品仕入高（食材原価）	1,530,000	34%			
変動費	雑給（PA 人件費）	1,215,000	27%			
変動費	その他諸経費合計	630,000	14%			
変動利益（営業利益）		③ 1,125,000	25%	変動利益単価	② 750	25%
固定費合計		1,200,000	27%			
経常利益		④ (75,000)	-2%			

最初は遠回りのように思えますが、1 人あたりに置き換えて計算をしていきます。
①客単価 3,000 円 × 変動費率 75%
②客単価 3,000 円 × 変動利益率 25%
③変動利益単価 750 円 × 客数 1,500 人
④変動利益 1,125,000 円 − 固定費合計 1,200,000 円＝（75,000 円）

例題2

このお店の普通の店長は赤字を出さないために、客数増を考えました。
いったい何人の増員と、いくらの売上アップが必要になったでしょうか？

Hint この答えが損益分岐点客数と損益分岐点売上になります。
固定費÷１人あたりの利益単価＝損益分岐点客数

【解答】普通の店長

		金額	構成比	客数	① 1,600	構成比
売上高		② 4,800,000		客単価	3,000	
変動費合計		3,600,000	75%	変動費単価	2,250	75%
変動費	商品仕入高（食材原価）	1,632,000	34%			
	雑給（PA人件費）	1,296,000	27%			
	その他諸経費合計	672,000	14%			
変動利益（営業利益）		1,200,000	25%	変動利益単価	750	25%
固定費合計		1,200,000	25%			
経常利益		0	0%			

①固定費合計 1,200,000 円÷１人あたりの利益単価 750 円＝損益分岐点客数
②損益分岐点客数 1,600 人×客単価 3,000 円＝損益分岐点売上

→客数 100 人増、売上 300,000 円アップが必要。
１日あたりに換算すると、100 人÷ 30 日≒１日３～４人の増客が必要。

例題3

少し優秀な店長は、20万円の経常利益を作ろうと予算を立てました。固定費120万円を支払った後、20万円の経常利益を残すには営業利益の段階で140万円を稼がなければいけません。

1人750円の利益なので、いったい何人の客数増が必要になったのでしょうか？

【解答】少し優秀な店長

		金額	構成比	客数	② 1,867	構成比
売上高		③ 5,601,000		客単価	3,000	
変動費合計		4,200,750	75%	変動費単価	2,250	75%
変動費	商品仕入高（食材原価）	1,904,340	34%			
	雑給（PA人件費）	1,512,270	27%			
	その他諸経費合計	784,140	14%			
変動利益（営業利益）		① 1,400,000	25%	変動利益単価	750	25%
固定費合計		1,200,000	21%			
経常利益		200,000	4%			

1人あたりの変動利益単価で割ると、必要人数がわかります。

①固定費合計1,200,000円＋経常利益目標200,000円

②変動利益（営業利益）目標1,400,000円÷1人あたりの利益単価750円

③目標客数1,867人×客単価3,000円

→元の客数1,500人と比較すると、367人の客数増が必要。
1日あたりに換算すると、367人÷30日≒1日12～13人の増客が必要。

例題4

さらに優秀な店長は、接客の指導がよく、日々訪れる1,500人のお客さまに話しかけながら940円のメニューを4人に1品の割合で追加おすすめを行ないました。おすすめは原価率20%のメニューでした。すると経常利益はどうなったでしょうか？

【解答】優秀な店長

		金額	構成比	客数	1,500	構成比
売上高		4,852,500		客単価	① 3,235	
変動費合計		3,445,500	71%	変動費単価	② 2,297	71%
変動費	商品仕入高（食材原価）					
	雑給（PA人件費）					
	その他諸経費合計					
変動利益（営業利益）		④ 1,407,000	29%	変動利益単価	③ 938	29%
固定費合計		1,200,000	25%			
経常利益		⑤ 207,000	4%			

①940円のメニューを4人に1個の割合でおすすめすると、940円÷4＝235円の客単価がアップ。

②今いるスタッフがおすすめするので、人件費は余分にかからない。水道光熱費やその他諸経費も他のメニューで計上しているので、おすすめのメニューにはかかってこない。つまり、かかる経費は食材原価だけ。940円のメニュー原価率20%の188円が4人にかかってくるので、平均1人あたりの変動費単価が47円アップする。

③食材原価47円以外はすべて利益になるので、235円－47円＝変動利益単価は188円アップする。

④変動利益単価938円×1,500人

⑤変動利益（営業利益）1,407,000円－固定費合計1,200,000円＝207,000円

→例題3と同様の利益率アップ効果があり、より容易に実践できる。

例題 5

★★★

優秀な店長と同じおすすめを行ない、普通の店長の客数と同じ100人の客数増をこなした。どちらも現実的な数字です。さて、これら両方を実施したスーパー店長は、いったいいくらの利益を生み出したでしょうか？

【解答】スーパー店長

		金額	構成比	客数	1,600	構成比
売上高		① 5,176,000		客単価	3,235	
変動費合計		3,675,200	71%	変動費単価	2,297	71%
変動費	商品仕入高（食材原価）					
	雑給（PA 人件費）					
	その他諸経費合計					
変動利益（営業利益）		② 1,500,800	29%	変動利益単価	② 938	29%
固定費合計		1,200,000	23%			
経常利益		③ 300,800	6%			

①客単価 3,235 円 × 客数 1,600 人
②変動利益単価 938 円 × 客数 1,600 人
③変動利益 1,500,800 円 － 固定費合計 1,200,000 円＝ 300,800 円

例題 6

スーパー店長は、おすすめを通して会話を行なった結果、月間1,600人の平均来店客数があったとして、その内の1％のお客さまがリピーターとし、2人連れで来店していただけるようになりました。1年間で新規客は、月間1,600人×1％×2人連れで来店いただき、毎月2％の客数アップが残り11カ月続いたことになります。

つまり、1,600人×102％×102％×102％×102％×102％×102％×102％×102％×102％×102％×102％×102％＝1年後2,029人となり、429人の客数増となりました。

1年後、スーパー店長はいったいいくらの利益を生み出したでしょうか？

【解答】スーパー店長の1年後

		金額	構成比	客数	2,029	構成比
売上高		① 6,563,815		客単価	3,235	
変動費合計		4,660,613	71%	変動費単価	2,297	71%
変動費	商品仕入高（食材原価）					
	雑給（PA 人件費）					
	その他諸経費合計					
変動利益（営業利益）		② 1,903,202	29%	変動利益単価	938	29%
固定費合計		1,200,000	18%			
経常利益		③ 703,202	11%			

①客単価3,235円×客数2,029人

②変動利益単価938円×客数2,029人

③変動利益1,903,202円－固定費合計1,200,000円＝703,202円

例題7

★★★

最後に、繁忙期の計算をしてみましょう。

宴会シーズン突入により、客単価3,000円で、来店客数が2割アップの1,800人にご来店いただけました。しかし、余分に食材を仕入れて原価率36%、人も余分につけて人件費率30%、その他店舗諸経費合計として14%かけてしまいました。家賃やリース代などの固定費が120万円かかると仮定した時に、利益はどうなったでしょうか？

【解答】宴会シーズン

		金額	構成比	客数	1,800	構成比
売上高		③ 5,400,000		客単価	3,000	
変動費合計		4,320,000	80%	変動費単価	① 2,400	80%
変動費	商品仕入高（食材原価）	1,944,000	36%			
	雑給（PA人件費）	1,620,000	30%			
	その他諸経費合計	756,000	14%			
変動利益（営業利益）		③ 1,080,000	20%	変動利益単価	② 600	20%
固定費合計		1,200,000	22%			
経常利益		④（120,000）	-2%			

①客単価3,000円×変動費率80%
②客単価3,000円×変動利益率20%
③変動利益単価600円×客数1,800人
④変動利益1,080,000円－固定費合計1,200,000円＝（120,000円）

→売上が上がる月ほど、F／Lの管理を毎日しっかり見ていないと、忙しいだけで利益につながらない結果を生み出してしまいます。

おわりに

皆さん、本書を最後まで読んでいただき、ありがとうございました。

「これからの飲食店」シリーズもマネジメント・集客・数字・衛生管理・DXとラインナップが増え、たくさんの飲食業界の方々に活用していただいています。

特に本書『これからの飲食店 数字の教科書』のテーマである計数管理は、リーダー層からの関心は高いものの、どのように現場のメンバーにわかりやすく伝えればいいのか？という悩みが常にありました。

本書は、そんな悩みを持つ指導者が負担なく、数字が苦手な仲間に興味を持ってもらうアプローチができるよう、わかりやすく実践しやすい1冊を目指しました。

数字に苦手意識のある店長やメンバーに具体的な数字コントロールのアクションを理解してもらい、楽しく負荷のかからないルーティンとして習慣化していく指導力が、マネジメントメンバーに必要となってきます。

本書には、具体的な事例や例題がふんだんに入っていますので、店長会・勉強会でも活用していただけるでしょう。きっと数字を楽しみながら結果を残せるメンバーが育成されていくはずです。ぜひ、フル活用してください。

２０１９年の刊行当時と比べ、お店の収益構造は、以前と比べて大きく変化しました。コロナが明けた今、原材料、エネルギー、採用、管理、手数料など、さまざまなコストの増加が経営を圧迫しています。

一方で、飲食店のＤＸが進み、新たなビジネスモデルが生まれ、チャンスが広がってきているのも確かです。

最新版となる本書では、そうした飲食店を取り巻く現状を踏まえて内容をアップデートしました。この本で飲食店数字の原理原則を学びながら、共に進化していきましょう。

また、読者特典として「38日間メールで届く！　飲食店数字の教育動画」をご用意しました。巻末の二次元コードからお申し込みいただけますので、書籍とあわせて活用してみてください。数字に興味を持つことが、繁盛店づくりの第一歩です。

お店の利益が残れば、さまざまなチャレンジができ、リーダー自身はもちろんのこと、仲間たちの活躍の場も増えていきます。
その行動が、この先、お店の明るい未来につながっていくはずです。
今後も、本書をきっかけに、楽しい飲食ビジネスライフを過ごせる仲間が増えることを心より願っています。

最後に、本書著者の東海林健太郎さんをはじめ、シリーズとなる『これからの飲食店集客の教科書』『これからの飲食店 衛生管理の教科書』『これからの飲食店ＤＸの教科書』の著者のみなさん、同文舘出版の戸井田歩さん、菱田編集企画事務所の菱田秀則さんに心より感謝いたします。

一般社団法人これからの時代の・飲食マネジメント協会 代表理事　山川博史

著者略歴

東海林 健太郎（しょうじ けんたろう）

飲食店収益改善コンサルタント、株式会社アップターン代表取締役。1968年生まれ、大阪府出身。三菱電機系システム会社にて、製造業を中心に業務改善活動に取り組み、コンサルタント会社を立ち上げた後、飲食店経営者として独立。現在は、チェーン化を目指す企業のための資料づくりやパッケージ化を支援しながら、カフェ開業専門スクール「カフェズライフ」にてカフェオーナー育成コースを担当。その他、これまで培ったノウハウをセミナー、執筆活動、個別コンサルティングを通して全国の飲食店に届けている。著書に『待ったなし！ お金をかけない飲食店再建術』（ペンコム／インプレス）。

監修者略歴

山川 博史（やまかわ ひろし）

一般社団法人これからの時代の・飲食店マネジメント協会 代表理事、株式会社オフィスヤマカワ プロデューサー、株式会社OICY取締役副社長、甲子園大学アクティベーションプロデューサー

1971年、長崎生まれ。23歳で飲食業界に入り、現場経験を積み27歳で創業。飲食店経営やプロデュースを行ないながら、飲食企業や飲食事業者をサポートするメーカーやベンダー各社へES・CS実現のための教育やサポートプログラム「これマネ教育DX」を提供し、採用・育成・定着・自走をテーマにしたビジネスコミュニティ「これマネ」を運営している。また、そのノウハウを他事業に活用したコミュニティビジネスプロデュースでは、各社のリソースや文化を活かしたプロダクト・施設・店舗・コミュニティなど、各種ビジネス構築をサポートしている。『崖っぷちのお店を3カ月で復活させる55の速効リセットプラン』（アーク出版）、『最新版　これからの飲食店マネジメントの教科書』（同文舘出版）、『これからの飲食店 集客の教科書』『これからの飲食店 衛生管理の教科書』『これからの飲食店DXの教科書』（監修、同文舘出版）など著書多数。

■お問い合わせ
一般社団法人これからの時代の・飲食店マネジメント協会
https://koremane.com/

読者特典　「38日間メールで届く！ 飲食店数字の教育動画」
https://line.me/R/ti/p/@wma0560x?oat_content=url
※こちらのURL・二次元コードから「山川博史 公式LINE」にご登録のうえ、お申し込みください。
※特典に関するお問い合わせは、著者までお願いします。
※この特典は予告なく終了する場合があります。

最新版　脱・どんぶり勘定！
これからの飲食店 数字の教科書

2024年　7月5日　初版発行

著　者 ―― 東海林健太郎

監　修 ―― 山川博史

発行者 ―― 中島豊彦

発行所　　同文舘出版株式会社

東京都千代田区神田神保町 1-41　〒101-0051
電話　営業 03（3294）1801　編集 03（3294）1802
振替 00100-8-42935
https://www.dobunkan.co.jp/

ISBN978-4-495-54164-4
印刷／製本：萩原印刷
Printed in Japan 2024